Das neue
Familie**bastel**buch

Das neue, riesengroße Familienbastelbuch ist da! Nach dem sensationellen Erfolg von „Das große Familienbastelbuch", das 2005 anlässlich des 50-jährigen Verlagsjubiläums veröffentlicht wurde, freuen wir uns, Ihnen einen brandneuen Band vorstellen zu dürfen, randvoll mit über 250 Ideen zu den verschiedensten Themen und Gelegenheiten sowie aus den unterschiedlichsten Materialien. Neben fröhlichen Bastelideen rund ums Jahr erwarten Sie originelle Dekorationen für drinnen und draußen sowie Vorschläge für Familienfeste, Tischdekorationen, kreative Geschenke und liebevolle Motive für Kinder.

Damit Ihnen das Basteln noch mehr Spaß macht, begleiten Sie unsere „Kreativ-Experten" Fanny und Maxi durch das ganze Buch. Schauen Sie doch gleich einmal nach unten, da stellen sich Ihnen die beiden persönlich vor! Sämtliche Ideen, die ein Kind mit ein wenig Hilfe von Erwachsenen allein basteln kann, haben wir mit einem Button mit entsprechender Altersangabe gekennzeichnet. Als besonderes Extra finden Sie in diesem Buch ein praktisches Bastellineal, mit dem Sie Kreise und Ellipsen zeichnen können. Gleichmäßige Augen, Nasen, Wangen und vieles mehr sind damit ab sofort kein Problem mehr! Warum also nicht gleich loslegen? Wir wünschen Ihnen viel Freude und eine schöne Bastelzeit!

Ihre TOPP-Redaktion

Hallo, liebe Bastelfreunde!

Wir heißen Maxi und Fanny und freuen uns, Sie mit nützlichen Tipps und Tricks durch das neue Familienbastelbuch begleiten zu dürfen. Ab Seite 204 präsentieren wir Ihnen außerdem jede Menge Wissenswertes rund ums Basteln mit Papier, Holz, Tontöpfen, Windowcolor und zahlreichen anderen Materialien. Schritt für Schritt und mit vielen Bildern anschaulich erklärt erfahren Sie hier, wie Sie zum Beispiel die Vorlagen aus dem Buch auf Ihr Bastelmaterial übertragen können oder was Sie beim Sägen von Holz beachten sollten. Blättern Sie doch am besten gleich mal weiter!

Viel Spaß beim Basteln wünschen Ihnen  *Maxi* und *Fanny*

Frühling, Sommer, Herbst oder Winter? Ich finde, jederzeit ist Bastelzeit! Freuen Sie sich auf über 50 abwechslungsreiche Ideen – vom süßen Krokus-Kind aus Mini-Tontöpfen bis hin zum sommerlichen Blumenkasten und festlichen Weihnachtsschmuck – die Ihr Zuhause zu etwas ganz Besonderem machen.

Kreativ durchs Jahr

Herzlich willkommen!

→ bunte Vogelhäuschen

MATERIAL
TÜRSCHILD
- Fotokarton in Gelb, A4
- Fotokartonreste in Orange, Grün und Weiß
- Tonkartonreste in Gelb-Weiß kariert und Weiß mit grünen Streifen
- Holzwäscheklammer, 0,7 cm x 4,5 cm
- Blumendraht in Braun, ø 0,35 mm, 10 cm lang

HÄNGER
- Fotokartonreste in Gelb, Grün und Hellblau
- Tonpapierrest in Türkis
- Wellpapperest in Gelb
- Blumendraht in Braun, ø 0,35 mm, 50 cm lang
- Motivlocher: Blume

VORLAGE SEITE 212

Türschild

1 Aus dem Häuschenteil und der großen Blüte mit einer spitzen Nagelschere jeweils das Loch ausschneiden und die Blüte aufkleben. Die Punkte aufmalen, Dachstreifen und Basis anbringen.

2 Schnabel und Flügel an den Vogelkörper kleben. Die Wäscheklammer mit dem Kartonstreifen verkleiden, das Vögelchen aufsetzen und die Klammer am Häuschen fixieren. Das farbig unterlegte Schild mit beliebiger Aufschrift einklammern.

3 Das Herz an den Blumendraht hängen, diesen durch die Basis stechen und darunter eindrehen.

Hänger

1 Aus dem Hausstreifen mit dem Motivlocher die Blume ausstanzen und den Streifen zusammenkleben. Auf dem Dach die Punkte auftragen, dann das Dach zum Kegel einrollen und fixieren. In die Spitze einen spiralförmig eingerollten Blumendraht einschieben und mit Heißkleber fixieren. Das Dach mit Heißkleber auf das Haus aufsetzen.

2 Das kleine Vögelchen wird an einem Stück gelocktem Blumendraht am unteren Rand angeklebt und mit dem herumgeklebten Wellpappestreifen zusätzlich fixiert.

Hübsch sieht es auch aus, wenn Sie die Blütenmitte beim Türschild mit farbigem Fotokarton oder Transparentpapier hinterkleben und das Schild dann mit einem gelockten Drahtstück oder einer bunten Kordel aufhängen.

Es ist Frühling!

→ Löffelkerlchen zum Verschenken

MATERIAL
LÖFFEL-
SCHÄFCHEN

- Holzkochlöffel mit runder Kelle, 28 cm lang
- Tonkartonreste in Hautfarbe, Elfenbein, Grau, Weiß und Maisgelb
- Acrylfarbe in Elfenbein, Schilf und Olivgrün
- Pompon in Rot, ø 7 mm
- Nähgarn in Grün
- Satinband in Hellgelb, 3 mm breit, 15 cm lang
- 2 Stoffmargeriten, ø 2 cm
- Draht, ø 1,4 mm

LÖFFELHASE

- Holzkochlöffel mit ovaler Kelle, 30 cm lang
- Tonkartonreste in Maisgelb und Braun
- Acrylfarbe in Mittelbraun, Mittelgelb und Schilf
- Pompon in Rot, ø 7 mm
- Satinband in Hellgrün, 3 mm breit, 15 cm lang
- Bastfasern in Hellgrün
- Draht, ø 0,35 mm und 1,4 mm

VORLAGE
SEITE 212

Löffelschäfchen

1 Den Löffel in Elfenbein und Schilf anmalen und kleine olivgrüne Punkte auf den Stiel tupfen. Den Kopf, beide Arme, die Füße und die Blume aus Tonkarton arbeiten.

2 Das Gesicht aufmalen, die Ohren und den Haarschopf aufkleben und die Wangen und die Ohren mit Buntstift röten. Die Pompon-Nase ankleben und ein Stück dicken Draht von hinten am Kopf festkleben und trocknen lassen (siehe Abbildung links).

3 Den linken Arm des Schäfchens mit einer Nadel durchstechen und mit Nähgarn eine Blüte unter den Arm hängen. Dann beide Arme, die Füße und den Kopf ankleben. Dem Schäfchen eine Schleife um den Hals binden und die zwei Margeriten am Stiel fixieren.

Löffelhase

1 Den Löffel in Mittelbraun, Mittelgelb und Schilf anmalen. Den Kopf, die Arme, die Füße und das Ei aus Tonkarton ausschneiden.

2 Das Gesicht aufmalen, die Ohren und Wangen mit Buntstift röten, den dünnen Draht von hinten durch beide mit einer Nadel gestochenen Löcher stecken und in Form biegen. Die Pompon-Nase aufkleben. Den Kopf festkleben (siehe Abbildung links).

3 Das Ei beschriften, von hinten ein Stückchen dünnen Draht fixieren und ebenfalls trocknen lassen.

4 Die mit Buntstift geröteten Füße auf den Löffel kleben, den Kopf von hinten mit Heißkleber anbringen und beide Arme fixieren. Vorher noch die Fingerspitzen über den Draht kleben. Etwas Bast mit dünnem Draht umwickeln, dessen Enden locken und das Ganze auf den Löffel kleben. Zum Schluss dem Hasen noch eine Schleife um den Hals binden.

Verschenken Sie diese putzigen Kerlchen doch einmal in einem prächtigen, bunten Blumenstrauß oder in einer Topfpflanze. Mit einer Mini-Grußkarte, die Sie dem Hasen oder dem Schäfchen an den Arm kleben oder hängen können, werden die Löffelkerlchen auch allein zu einer lieben Aufmerksamkeit.

Süße Krokus-Kinder

→ freuen sich über den Frühling

MATERIAL PRO FIGUR

- Mini-Tontopf, ø 3,5 cm
- Maulbeerbaumpapier- rest in Weiß oder Lila
- Acrylfarbe in Hautfarbe und Grün (Struktur)
- Rohholzperlen, 3 x ø 1 cm (Kopfbefesti- gung und Hände) und 1 x ø 2 cm (Kopf)
- Chenilledraht in Gelb, 3 cm und 9 cm lang
- Satinkordel in Grün, ø 2 mm, 10 cm lang
- ggf. Holzstreuteil: Marienkäfer, 1,5 cm lang

VORLAGE SEITE 212

1 Den Tontopf und den Kopf bemalen. Eine Perle (ø 1 cm) mittig auf den 9 cm langen Chenilledraht aufziehen.

2 Die Drahtenden von unten durch die Topföffnung führen. Das kurze Chenilledrahtstück zu den Drahtenden in den Kopf stecken.

3 Auf die Enden der Satinkordel die beiden anderen kleinen Holzperlen auffädeln und mit etwas Klebstoff fixieren. Nach dem Trocknen die Kordel um den Hals schlingen und fünf Blütenblätter aus Maulbeerbaumpapier wie abgebildet an den Kopf kleben. Die Figuren ggf. mit den Marienkäfern und einem Spruchschildchen verzieren.

Überraschung!

→ frohe Ostern wünscht das Häschen

MATERIAL

- Tonkarton in Hellbraun, Gelb, Orange, Weiß und Blau-Weiß kariert, je A4
- Tonpapierreste in Rot und verschiedenen Farben (Eier)
- Filz in Hellblau, A4
- Filzreste in Orange und Hellgrün
- Chenilledraht in Gelb
- Sisalfasern in Braun
- Satinband in Rot, 6 mm breit, 25 cm lang
- Knopf in Gelb, ø 1,2 cm
- Nähgarn in Rot

VORLAGE SEITE 213

1 Die Latzhose besteht aus doppelt zusammengeklebtem Filz. Diese gemäß Vorlage ausschneiden und auf das karierte Hemd kleben. Den Träger nicht mit ankleben, sondern über der Schulter mit einem Knopf zusammennähen oder kleben. Darunter den Hemdsärmel fixieren und dahinter den Arm. Die Tasche wie abgebildet mit kleinen Steppstichen aufnähen.

2 Den Kopf bemalen und zusammen mit den Füßen hinter dem Körper fixieren. Das Satinband um den Hals binden.

3 Das Nest aus hellbraunem Tonkarton ausschneiden, mit Sisalfasern und bunten Eiern bekleben. Das fertige Nest in der mit einem Schlitz versehenen Pfote fixieren.

4 Die Einzelteile der Karotte aus Filz ausschneiden. Das Kraut mit einem Faden zusammenbinden und an der Karotte festkleben.

Tauch-Eier

→ *schnell gemacht*

1 Die Eierfarben nach Herstellerangaben vorbereiten.

2 Anschließend die Eier für kurze Zeit in Längs- und/oder Querrichtung in die Eierfarbe tauchen (siehe Abb.). Die Eier vor jeder weiteren Färbung jeweils gut trocknen lassen.

Wenn Sie keine so ruhige Hand haben, können Sie die ausgeblasenen Eier zum Tauchen vorsichtig auf einen Zahnstocher oder ein Schaschlikstäbchen stecken. Gekochte Eier können Sie auch vorsichtig mit einer Spaghettizange fassen.

MATERIAL
- ausgeblasene oder gekochte Hühnereier in Weiß, ca. 6 cm hoch
- Eierfarben in Grün, Gelb, Orange, Rot und Blau
- Gefäß für Eierfarben

Vergnügte Kühe

→ lassen sich sonnen

MATERIAL
PRO KUH

- Plastikei in Weiß oder Transparent, 6 cm lang
- Lackfarbe oder Acrylfarbe in Weiß, Gelb und Schwarz
- feiner Filzstift oder Buntstift in Orange (Nasenlöcher)
- Fotokarton in Weiß und ggf. Hellblau (Blüten)
- Satinkordel in Weiß, ø 2 mm, 9 cm (Vorderbeine), 10 cm (Hinterbeine) und 15 cm (Schwanz) lang
- ggf. Zwirn in Weiß, ca. 20 cm lang (Blütenkette)
- 4 Holzperlen in Gelb, ø 1 cm
- Handsäge
- Bohrer, ø 3 mm

**VORLAGE
SEITE 213**

1 Vom Kopf eine Schablone anfertigen, den Umriss auf Fotokarton übertragen und ausschneiden. Das Gesicht aufmalen und die Hörner gelb anmalen.

2 Vom Ei das stumpfe Ende absägen. Die Löcher (ø 3 mm) für die Hinterbeine haben 2,5 cm Abstand voneinander und sind 7 mm vom Sägerand entfernt. Die Löcher für die Vorderbeine sind genau über denen der Hinterbeine und 2,5 cm vom Sägerand entfernt. Für den Schwanz ebenfalls 7 mm vom Sägerand entfernt auf der Rückseite ein Loch bohren.

3 Das Ei weiß bemalen und die schwarzen Fellflecken mit dem Pinsel aufmalen.

4 Die Beinkordeln einziehen und auf die Kordelenden jeweils eine Holzperle kleben. Bei der Schwanzkordel nach dem Durchziehen beide Enden jeweils mit einem Knoten versehen. Das Schwanzende bis zum Knoten zu einer Quaste ausfransen. Den Kopf ankleben. Ggf. die Blüten auf den Zwirn kleben und der Kuh um den Hals hängen.

Freches Hasenpaar

→ fein herausgeputzt

1 Das Tonpapier, 19 cm x 9 cm, im Abstand von 1 cm anritzen, die ovale Rumpfschablone auflegen, den Rumpf ausschneiden und im Zickzack falten (vgl. Anleitung ovaler Faltrumpf, Seite 205). Den gelochten Rumpf öffnen und weiße und gelbe bzw. orangefarbene Punkte auftupfen.

2 Den orangefarbenen (gelben) Rumpf auf das gelb (orangefarben) bemalte Holzstäbchen aufstecken. Das Stäbchen steht oben am Rumpf 4 cm über. Daran eine 8 cm bis 10 cm breite Bastschleife anbinden. Die Seiten der Schleife können auf- bzw. abgeschnitten und mit einer Vorstechnadel ausgefranst werden.

3 Den Kopf aus Fotokarton ausschneiden und zuerst das Gesicht mit einem feinen schwarzen Filzstift aufzeichnen (evtl. mit Bleistift leicht vorzeichnen). Die restlichen Linien und Punkte aufmalen bzw. auftupfen. Für die Barthaare die Löcher mit der Vorstechnadel einstechen. Die Drähte einziehen. Für die Haarschleife ein 4 cm langes Bastbüschel in der Mitte mit dem restlichen Draht zweimal umschlingen. In die Stirn ein Loch stechen, ein Ende des Haarschleifendrahtes durchstecken und auf der Rückseite mit dem anderen Drahtende mehrfach verdrehen. Die Drahtenden kürzen und andrücken.

4 Den Kopf auf das Holzstäbchen kleben.

MATERIAL

◆ Tonpapierrest in Orange oder Gelb (Rumpf)
◆ Fotokartonrest in Orange oder Gelb (Kopf)
◆ Acrylfarbe oder Wasserfarbe in Gelb oder Orange
◆ Lackmalstift in Gelb bzw. Orange, ø 1 mm bis 2 mm
◆ Rundholzstäbchen, ø 3 mm, mindestens 20 cm lang
◆ geglühter Blumendraht, ø 0,35 mm, 3 x 9 cm (Barthaare) und 1 x 10 cm lang (Haarschleife)
◆ Bast in Gelb oder Orange

VORLAGE SEITE 213

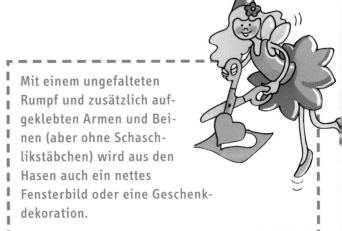

Mit einem ungefalteten Rumpf und zusätzlich aufgeklebten Armen und Beinen (aber ohne Schaschlikstäbchen) wird aus den Hasen auch ein nettes Fensterbild oder eine Geschenkdekoration.

Ausgefallene Eierbecher

→ für den Ostertisch

Huhn

1 Die Einzelteile aus Fotokarton ausschneiden. Das Gesicht aufmalen und Schnabel und Kamm am Kopf ankleben.

2 Den Eierbecher gemäß Vorlage knicken und die Köpfe zusammenkleben. Die Kehllappen unter dem Schnabel fixieren. Zuletzt die Schleife um den Hals binden.

Blume

Die Blume und die Blätter ausschneiden. Mit dem Buntstift die Blattstruktur aufmalen und die Blätter von unten an die Blume kleben. Die Blume auf den gut gesäuberten Mini-Joghurtbecher kleben.

Hase mit Körbchen

1 Alle Teile des Häschens aus Fotokarton ausschneiden. Die Füße ankleben und das Gesicht aufmalen. Für die Arme des Hasen die beiden Holzperlen auf den Papierdraht fädeln. Beide Enden verknoten und je eine Perle mit Klebstoff am Knoten fixieren. Den Papierdraht von hinten am Rücken des Hasen ankleben.

2 Für das Körbchen das Schnittmuster auf Fotokarton übertragen und entlang der Linien mit dem Cutter einschneiden. Nun die Glanzpapierstreifen durchfädeln. Den Papierstreifen in Orange zuerst von unten durch den ersten Schlitz fädeln, von oben durch den zweiten Schnitt, von unten durch den dritten usw. Mit dem blauen Streifen wird erst beim zweiten Schlitz von unten zu flechten begonnen. Der gelbe Papierstreifen wird wie der orangefarbene verarbeitet. Die Enden festkleben.

3 Zum Schluss das Körbchen zusammenkleben und am Hasen fixieren.

MATERIAL
HUHN
- Prägefotokarton in Weiß, A4
- Fotokartonreste in Pink und Orange
- Schleifenband in Blau-Weiß kariert, 5 mm breit, ca. 18 cm lang

BLUME
- Fotokartonrest in Rosa
- Tonpapierrest in Hellgrün
- Mini-Joghurtbecher in Pink

HASE MIT KÖRBCHEN
- Fotokartonreste in Schokobraun, Hellbraun, Pink und Grün
- Glanzpapierstreifen in Orange, Hellblau und Gelb, je 1 cm x 14,5 cm
- Papierdraht in Hellbraun, 15 cm lang
- 2 Holzperlen in Braun, ø 8 mm

VORLAGE SEITE 214

In das Körbchen des Hasen und in die Blume können Sie auch kleine Sträuße mit Frühlingsblumen wie z. B. Gänseblümchen, Vergissmeinnicht oder Traubenhyazinthen stellen.

Tulpen mit Windlichtern

→ für den Garten

1 Den Blumenstiel beliebig verlängern, dazu den Umriss der Blume (Schablone verwenden) samt kurzem Stiel und Blättern auf das Sperrholz übertragen, dann die Schablone einfach etwas nach unten schieben und den Stiel mit den Blättern nochmals ansetzen. Auf den letzten 15 cm bis 20 cm keine Blätter mehr anzeichnen.

2 Die Blume aussägen und die Ränder mit Feile und Schleifpapier glätten.

3 Für das Bemalen von Stiel und Blättern jeweils einen Farbklecks in Gelb und Grün nebeneinandersetzen. Beide Farben etwas ineinanderrühren und den hellgrünen Farbton auf die Blume auftragen. Nun nach Belieben in die feuchte Farbe Gelb oder Grün oder beides einarbeiten. Beim Farbauftrag zügig von unten nach oben zur Blüte hin arbeiten.

4 Die Blüte weiß oder rot grundieren und in die feuchte Farbe noch etwas Rot bzw. Weiß einarbeiten.

5 Zwei Löcher im Abstand von 1 cm bohren, den Draht um das Windlicht legen, die Enden durch die beiden Löcher stecken und nach unten umbiegen.

**MATERIAL
PRO TULPE**

◆ Sperrholz, 8 mm oder 1 cm stark, 14 cm x 60 cm

◆ Acrylfarbe in Weiß, Gelb, Grün und Rot

◆ Spanndraht in Grün, ø 2 mm, 25 cm lang

◆ Glaswindlicht, ø 7 cm (oben), 6,5 cm hoch

◆ Bohrer, ø 2 mm

VORLAGE SEITE 214

Gänsestecker

→ recken die Hälse der Sonne entgegen

1 Die Augen und Pupillen mit Konturenfarbe in Schwarz malen. Die äußeren Konturen sowie die Linien des Schnabels in Silber anlegen. Ca. 24 Stunden lang trocknen lassen.

2 Nun alle Felder mit weißer und gelber Farbe schön gleichmäßig ausmalen und wiederum gut trocknen lassen.

3 Die Motive entlang der Konturen ausschneiden. Auf der Rückseite den Draht und auf der Vorderseite je eine Schleife aus Satinband befestigen. Für die höchste Gans ist der Draht 25 cm lang, für die mittlere 20 cm und für die niedrige 17 cm.

MATERIAL
- Mobilefolie, 0,4 mm stark, A4
- Konturenfarbe in Silber und Schwarz
- Windowcolor in Weiß und Gelb
- Satinband in Lila, 8 mm breit, 21 cm lang
- Kupferdraht, ø 2 mm

VORLAGE SEITE 214

Eine bunte Gesellschaft

→ Anhänger für den Osterstrauß

MATERIAL

- 3 Plastikeier in Grün, Rosa und Gelb
- Bastelfilzreste in Rot, Rosa, Gelb, Hellgrün und Weiß
- Wellpappereste in Grün, Rosa und Gelb
- Schaschlikstäbchen, ø 3 mm, ca. 25 cm lang
- Knopf in Rosa, ø 1,8 cm
- Holzstreuteil: Karotte, ca. 2,5 cm lang
- Nähfaden in Weiß
- Häkelnadel

VORLAGE SEITE 215

1 Die Motivteile aus dem jeweiligen Filz ausschneiden und sie ebenso wie den Knopf mit UHU Alleskleber kraft auf den Eiern fixieren.

2 Für die Ringellöckchen die Wellpappestreifen eng um das Schaschlikstäbchen wickeln, wieder aufspringen lassen und aufkleben. Alle Gesichter mit Lackmalstiften gestalten.

3 Das Froschei in einen aus der grünen Wellpappe zusammengeklebten Ring stellen. Das Häschenei auf das Schaschlikstäbchen stecken und die Karotte fixieren. Für das Schweinchen mit einer Häkelnadel den Aufhängefaden durch das Ei ziehen.

Wenn Sie im Handel keine farbigen Eier erhalten, können Sie auch weiße Eier mit Acrylfarbe bemalen.

Hühnerhaus

→ frühlingshafter Kantenhocker

1 Die Motivteile (Haus, Herz, Huhn, Eier, Wiesenstück, Hahn und Küken) von der Vorlage auf das Sperrholz übertragen. Für die Sitzfläche ein Rechteck (22,7 cm x 15 cm) auf das Holz aufzeichnen. Alle Einzelteile aussägen und die Kanten abschleifen.

2 Die Motivteile gemäß Abbildung bemalen. Die Wangen mit Buntstiftspänen röten. Die Gesichter und die schwarzen Verzierungen auf dem Hühnerhaus mit wasserfesten Stiften aufmalen.

3 Alle Teile lackieren. Nach dem Trocknen das Huhn, das Herz und die Eier auf dem Hühnerhaus, das Küken und den Hahn auf dem Rasenstück festleimen.

4 Das Hühnerhaus mit vier Schrauben von unten an der Standfläche befestigen. Das Rasenstück mit zwei Schrauben vorn an die Standfläche schrauben. Zum Schluss das Ostergras festkleben.

Schmücken Sie das Hühnerhaus zu Ostern mit einem bunten Osternest!

MATERIAL
- Sperrholz, 8 mm stark, 50 cm x 75 cm
- Acrylfarbe in Weinrot, Braun, Grau, Weiß, Orange, Rot, Beige, Grün und Gelb
- Ostergras in Orange
- 6 Schrauben, 2,5 mm x 20 mm
- Bohrer, ø 2 mm

VORLAGE SEITE 216

Lustige Osternester

→ Dosen-Hase und Papierrollen-Küken

**MATERIAL
DOSEN-HASE**

- Blechdose ohne Deckel,
  ø 7,5 cm, 11 cm hoch
- matte Acrylfarbe in Cap-
  puccino, Weiß, Mittelbraun,
  Dunkelbraun und Rosé
- Tonkartonrest in Weiß oder
  Hellbraun
- Bastelfilz in Beige,
  17 cm x 21 cm
- Wattekugel, ø 2 cm
- Blumendraht in Orange,
  18 cm lang
- Geschenkband in Rosa-
  Orange-Weiß kariert,
  4 cm breit, 24 cm lang
- Stickgarnrest in Hellgrün
- Pompon in Weiß, ø 3 cm
- Naturbastrest in Natur

**PAPIERROLLEN-
KÜKEN**

- Toilettenpapierrolle,
  auf 6,5 cm gekürzt
- matte Acrylfarbe in Honig-
  gelb, Hellorange, Weiß und
  Hellblau
- Tonkartonrest in Weiß oder
  Orange
- Bastelfilz in Hellgelb,
  10,5 cm x 18 cm
- Edelbastrest in Natur
- Stickgarnrest in Hellorange

**VORLAGE
SEITE 216**

Dosen-Hase

1 Die Dose, ggf. den Tonkarton sowie die Wattekugel grundie-
ren. Die Vorlagen auf den Tonkarton und die Dose übertragen.
Das Ohrinnere, das Gesicht und den Lichtreflex auf der Nase mit
Acrylfarbe auftragen.

2 Den Blumendraht dritteln und auf der Rückseite der Watte-
kugel fixieren. Dann die Wattekugel für die Nase ggf. mit den
Fingern ein wenig zu einer Dreiecksform zurechtdrücken. Das
Band zur Schleife legen und mittig mit dem Garn zusammen-
binden. Die Nase, die Schleife, den Pompon-Schwanz sowie die
Ohren mit Heißkleber an der Dose fixieren.

3 Das Filzstück auf den Durchmesser der Dose zusammenrollen, unten zubinden, befüllen und dann oben verschließen.
In die Dose stecken.

Papierrollen-Küken

1 Die Toilettenpapierrolle mit einer Schere oder einem Cutter
kürzen.

2 Dann die Rolle und ggf. den Tonkarton grundieren. Die Vorlagen für das Gesicht auf die Rolle, für den Schnabel und die
Füße auf den Karton und für die Flügel auf den Filz übertragen.
Das Gesicht mit Acrylfarbe nachzeichnen, hierfür einen Zahnstocher verwenden.

3 Den Schnabel und die Flügel mit Heißkleber fixieren.
Löcher in die Toilettenpapierrolle und die Füße stechen, das
Garn durchziehen (ggf. mit einer Nähnadel) und verknoten.

4 Aus dem restlichen Filzstück, ca. 10,5 cm x 14 cm, wie beim
Dosen-Hase beschrieben einen Beutel herstellen, mit Bast
zuknoten und in die Rolle schieben. Den Filz oberhalb des Basts
mit einer Schere in Streifen schneiden.

Wenn Sie keine unterschiedlichen Tonkartonfarben parat
haben, grundieren Sie weißen
Tonkarton mit der passenden Farbe. Das hat den Vorteil, dass die
Farben des bemalten Modells
und der Tonkartonteile genau
übereinstimmen.

Damit der Schnitt an der Papier-
rolle gerade wird, ringsum mit
einem Lineal die Höhe markieren
und die Punkte dann leicht mit
einem Bleistiftstrich verbinden.
An der Linie entlangschneiden.

Blütenpracht

→ Hängepetunien fürs Fenster

MATERIAL
◆ Fotokarton in Gelb, A3

**VORLAGE
SEITE 215**

Das Motiv mit Schere und Cutter ausschneiden. Sichtbare Bleistiftlinien wegradieren. Mit Klebefilm oder einem Faden am Fenster befestigen.

Die Blumenampel ist von riesengroß am Fenster bis klein auf einer Karte ein Hingucker. Passen Sie die Größe mithilfe eines Kopierers an.

Erdbeermädchen

→ süße Früchtchen

1 Die Einzelteile aus Fotokarton und Tonpapier ausschneiden.

2 Das Gesicht aufmalen. Die weißen Punkte auf der Erdbeere mit Plusterstift auftragen.

3 Hinter der Erdbeere mit Heißkleber ein Schaschlikstäbchen fixieren. Das Blatt und den kleinen Kragen vorstechen, zuerst mit einer Nadel, dann das Loch mit dem Schaschlikstäbchen ausweiten. Das Blatt und den Kragen auffädeln und festkleben.

4 Am Stäbchenende das Gesicht und darauf den Hut befestigen. Die Spitze kann mit dem Falzbein ein wenig gebogen werden. Die Blüte ankleben.

5 Dünne Wellpappestreifen über ein Schaschlikstäbchen aufrollen und von hinten am Kopf ankleben. Die Hände am Papierdraht befestigen und diesen von hinten an der Erdbeere fixieren.

MATERIAL PRO STECKER
- Fotokartonrest in Hautfarbe
- Regenbogenfotokartonrest in Orange-Rot
- Regenbogentonpapierrest in Grünverlauf
- Wellpapperest in Hellgrün
- Schaschlikstäbchen
- Papierdraht in Rot, ø 2 mm, 2 x 7 cm lang
- Polyresinblümchen in Weiß, ø 1,5 cm
- Plusterstift in Weiß

VORLAGE SEITE 213

Fleißige Gartenelfen

→ bei der Arbeit

MATERIAL

- Fotokartonreste in Hautfarbe/Chamois, Lind-grün, Dunkelgrün, Braun und Zitronengelb oder Rosa
- Alubastelkartonrest in Silber
- feiner Filzstift in Grün
- Buntstift in Weiß (rosa Flügel und Blüte)
- Steckdraht, ø 0,6 mm bis 1 mm, je 30 cm lang

VORLAGE SEITE 217

1 Die Motivteile vor dem Zusammenkleben mit Filz- und Buntstiften sowie weißem Lackmalstift verzieren. Den Kopf von hinten an den Blütenhut kleben und das Gesicht mit Bleistift aufmalen. Die Wangen mit Buntstift röten.

2 Bei der gelb-grünen Elfe die Hände von hinten an die Ärmel kleben. Nun die Ärmel an den Schultern am Kleid befestigen. Den Kragen ergänzen. Bei der anderen Elfe beim Anbringen der Hände darauf achten, dass sie weit genug überstehen um die Hacke zu halten.

3 Den Hals von hinten am Kleid fixieren. Jetzt den Kopf aufkleben. Flügel und Füße bzw. Beine ergänzen.

4 Die Linien in den silbernen Alubastelkarton mit einem leer geschriebenen Kugelschreiber eindrücken. Den Steckdraht mit Alleskleber auf der Rückseite der Elfe befestigen.

Vogeltränke

→ dekorativ und nützlich

MATERIAL

- je 1 Tonuntersetzer, ø 15 cm und ø 26 cm
- Tontopf, ø 10 cm
- Tonschale, ø 14 cm
- Styroporei ø 6 cm, 9 cm hoch
- 2 Rohholzkugeln, ungebohrt, ø 2,5 cm
- Moosgummi in Grün, 2 mm stark, A4
- Acrylfarbe in Grün, Schwarz, Weiß und Rot
- Découpagelack, wasserfest
- scharfes Messer
- evtl. Allesschneider (Brotschneidemaschine)

VORLAGE SEITE 217

1 Das Styroporei mit einem scharfen Messer halbieren, evtl. unebene Schnittflächen mit dem Allesschneider abschneiden. Danach außer den Tonuntersetzern sämtliche Teile grün grundieren. Die Rohholzkugeln weiß grundieren, nach dem Trocknen die Pupillen aufmalen.

2 Die Ränder der Mundöffnung rot anmalen und anschließend die ganze Figur lackieren. Die Fußplatte gemäß der Vorlage aus Moosgummi ausschneiden. Die Teile nach Abbildung zusammenkleben.

3 Den kleinen Untersetzer umgekehrt als Podest auf den großen Untersetzer kleben und darauf die Figur fixieren.

Sommerliche Tischdeko
→ aus FANCY CANVAS®

MATERIAL

- FANCY CANVAS® in Orange, Grün und Gelb (in Bogen der Größe 50 cm x 70 cm erhältlich)
- 2 Wackelaugen, ø 1,2 cm
- Trinkhalme

VORLAGE SEITE 218

1 Für den Frosch-Serviettenring die Teile ausschneiden, den Froschrumpf an der gepunkteten Fläche mit Klebstoff bestreichen und zu einem Ring formen. An der breitesten Stelle des Rumpfrings das Beinteil an der gepunkteten Fläche ankleben. Die Wackelaugen am Kopf aufkleben, Mund und Nasenlöcher mit Permanentmarker aufmalen. Den Kopf auf den Rumpfring kleben.

2 Für den Blüten-Telleruntersetzer auf den orangefarbenen Blütenstern ein rundes Blütenmittelteil in Gelb und eine kleinere orangefarbene Blüte kleben. Als Abschluss entweder einen gelben Punkt oder eine zweite kleinere gelbe Blüte aufkleben.

3 Die Blüten, die als Glasuntersetzer verwendet werden, ausschneiden. Auf einen Blütenstern ein rundes Blütenmittelteil kleben und auf einer zweiten, verschiedenfarbigen Blüte anbringen.

4 Die Schmetterlinge eignen sich ebenso als Streuteile oder für die Dekoration von Tischkarten. Dafür das Flügelpaar gemäß Vorlage mit der Lochzange lochen (ø 3 mm) und dann den Rumpf aufkleben. Den Schmetterling am Trinkhalm entweder mit Klebstoff befestigen oder einen Streifen (30 mm x 5 mm) aus FANCY CANVAS® ausschneiden und zu einem Ring kleben, der dem Trinkhalm angepasst wird. Den Schmetterling auf den Ring kleben. Der Ring kann später wieder abgestreift werden.

FANCY CANVAS® ist eine faszinierende, leicht zu verarbeitende Plane aus PVC, die es in vielen kräftigen Farben zu kaufen gibt und vielseitig verwendet werden kann. Sie lässt sich problemlos mit der Schere schneiden und anschließend kleben, tackern, nieten und sogar zusammennähen. Im gut sortierten Hobby- und Bastelfachhandel ist FANCY CANVAS® als Bogen oder Rolle in den Größen 25 cm x 35 cm, 50 cm x 70 cm und 100 cm x 250 cm erhältlich. Das Material ist TÜV-geprüft, eignet sich jedoch nicht für Kinder unter drei Jahren.

Lachende Sonne

→ sorgt für gute Laune

Das Motiv ausschneiden. Für die Innenschnitte ein Schneidemesser auf einer geeigneten Unterlage verwenden. Die runden Punkte auf den Flügeln der Schmetterlinge können mit einer Lochzange ausgestanzt werden.

Schneiden Sie die Bienen, Schmetterlinge und Blumen als Einzelmotive aus verschiedenfarbigem Fotokarton aus und verzieren Sie damit Ihre Geschenke.

MATERIAL
◆ Fotokarton in Orange, A3

VORLAGE SEITE 249

Strandfreuden

→ Nilpferd im Badeanzug

1 Die benötigten Einzelteile für die Vorder- und Rückseite aus Fotokarton ausschneiden. Gesichter und Innenlinien aufmalen. Die Wangen mit einem Buntstift röten.

2 Vorder- und Rückseite mit den gestreiften Badeanzugteilen bekleben. Die Ausschnitte darauf fixieren.

3 Den Schnabel und den Flügel der Ente aufkleben. Das fertige Tier mit der Tasche auf der Rückseite fixieren. Vorn das rosa Gesichtsteil ergänzen.

Das Nilpferd im blau-weißen Strandoutfit verbreitet maritime Stimmung und gute Laune. Bieten Sie ihm doch einen Platz an Ihrem Badezimmerfenster an.

MATERIAL

◆ Fotokarton in Grau, A3

◆ Fotokarton in Blau-Weiß gestreift, A4

◆ Fotokartonreste in Rosa, Gelb, Orange, Rot und Dunkelblau

VORLAGE SEITE 218

Blumenkasten

→ netter Hingucker

1 Die Motivteile gemäß der allgemeinen Anleitung auf Seite 206 arbeiten.

2 Das Brett für die rechteckige Verkleidung in der Größe passend zum eigenen Blumenkasten zusägen.

3 Die Motivteile wie abgebildet bemalen. Die Streifen auf der Verkleidung frei Hand aufbringen; evtl. mit Bleistift und Lineal vorzeichnen. Die Gesichter sowie die Punkte auf den Schmetterlingsflügeln mit Filzstift aufzeichnen. Jeden Froschrumpf im Abstand von 2 cm zweimal von unten anbohren (gepunktete Linien). Die Motivteile evtl. nach der Bemalung an den Rändern leicht abschleifen.

4 In den oberen Rand der Blumenkastenverkleidung jeweils zwei Löcher im Abstand von 2 cm bohren, die Steckdrahtstücke einstecken und die Frösche aufstecken.

5 Die Schmetterlinge nach dem Bemalen am Kopf durchbohren (ø 1 mm) und jeweils einen Lackdraht als Fühler halb durchziehen. Die Drahtenden direkt am Kopf einmal miteinander verdrehen und die Enden mit der Rundzange jeweils zu einer Öse biegen.

6 Zwei Schmetterlinge auf die Blumenkastenverkleidung kleben. Den dritten Schmetterling am Bügel aus Steckdraht andrahten. Alles zweimal mit Klarlack überstreichen.

7 Auf der Rückseite der Verkleidung 5 mm vom oberen Rand entfernt die Vierkantleiste aufnageln oder -schrauben. Diese ist so breit und lang ,wie der Blumenkastenrand, aber kürzer als die Verkleidung. An diese Leiste die zwei bis drei Verbindungsbleche schrauben oder nageln, die nach unten weisen. Dadurch kann die Verkleidung am Blumenkasten eingehängt werden.

MATERIAL
- gehobeltes Fichtenholzbrett, 2 cm stark, mindestens 20 cm breit
- Sperrholzrest, 4 mm stark (Schmetterlinge)
- Vierkantholzleiste in passender Größe
- Acrylfarbe in Gelb, Gelbgrün, Dunkelgrün und Weiß
- Steckdraht, ø 1,5 mm, 6 x 4 cm (Befestigung der Frösche) und 30 cm lang (Bügel für Schmetterling)
- Lackdraht in Schwarz, ø 0,5 mm, 3 x 12 cm (Schmetterlingsfühler) und 7 cm lang (Aufhängung am Drahtbügel)
- 2 oder 3 Verbindungsbleche, z. B. 6 cm x 1,5 cm
- Bohrer, ø 1 mm und 1,5 mm

VORLAGE SEITE 219

Garten-Utensilo

→ platzsparend und praktisch

1 Die Dosen einseitig öffnen, die Deckel werden nicht weiter benötigt. Ca. 1 cm unterhalb der Öffnung in jede Dose ein Loch bohren (ø 3 mm). Dann die Außenseiten weiß, die Böden und die Innenseiten pink bemalen.

2 Nach dem Trocknen die Servietten passend zur Dosengröße zuschneiden. Nur die oberste, bedruckte Schicht der Serviette wird benötigt. Diese mit Serviettenlack (siehe Seite 209) auf die Dose kleben und gut trocknen lassen.

3 Die Leisten zusägen: je viermal 45,5 cm und 31,5 cm lang. Anschließend die Enden auf 45° absägen (am besten eine Gehrungssäge verwenden). Die Leisten zu zwei gleich großen Rechtecken zusammenleimen und zum Trocknen mit Schraubzwingen fixieren.

4 Die Holzrahmen pinkfarben streichen und nach dem Trocknen den Hasendraht mit viel Holzleim zwischen die Rahmen leimen. Zum Trocknen wieder mit Schraubzwingen fixieren. Dann den Rahmen lackieren.

5 Zum Anbringen der Dosen den Aludraht in fünf 6 cm lange Stücke schneiden und jedes zu einem „S" biegen. Durch die Bohrungen in den Dosen ziehen und an die Gitterwand hängen.

MATERIAL
- geriffelte Dose, ø 8,5 cm, 11,5 cm hoch
- 2 geriffelte Dosen, ø 7,3 cm, 6 cm hoch
- 2 glatte Dosen, ø 5,5 cm, 4 cm hoch
- Holzleiste, 2 cm breit, 5 mm stark, 3,08 m lang
- Hasendraht in Silber, 31 cm x 44,5 cm
- Acrylfarbe in Weiß und Pink
- Servietten in Pink, buntgestreift und mit Blumen
- Serviettenlack
- Aludraht, ø 3 mm, 30 cm lang
- Bohrer, ø 3 mm
- ggf. Gehrungssäge
- 4 Schraubzwingen

Noch bunter und auffälliger wird das Utensilo, wenn Sie auch den Holzrahmen mit den Servietten bekleben. Damit die Farben der Servietten später schön leuchten, sollten Sie die Leisten vorher weiß grundieren. Das zusätzliche Lackieren am Schluss entfällt.

Faltschiffchen

→ bereit für die große Reise

MATERIAL
PRO SCHIFF

- Kopierpapier, ab A5, oder Tonpapier in Weiß oder Farbig, ab A4 (Schiff)
- Faltblätter oder Kopierpapier in Weiß oder Farbig, 12 cm x 12 cm (Segel)
- Rundholzstäbchen, ø 3 mm, 20 cm lang

1 Das Kopier- oder Tonpapier in der Mitte falten.

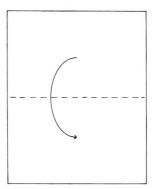

2 Die beiden Ecken an den gestrichelten Linien nach unten falten.

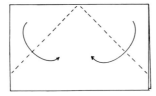

3 Einen der beiden unteren Randstreifen nach oben falten. Das Papier wenden und den zweiten Randstreifen nach oben falten.

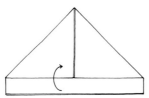

4 Die Ecken der Randstreifen an den gestrichelten Linien nach hinten falten und evtl. ankleben.

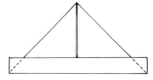

5+6 Eckpunkt A auf Eckpunkt B falten, indem das Dreieck aufgeklappt wird. Es entsteht ein Quadrat. Die untere Hälfte an der gestrichelten Linie nach oben falten. Wenden. Auch hier die untere Hälfte nach oben falten.

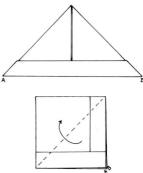

7 Die Ecken C und D aufeinanderfalten, indem wiederum das Dreieck aufgeklappt wird.

8+9 Das entstandene Quadrat zum Schiffchen aufklappen.

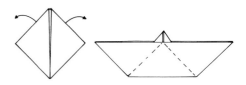

10 Die Spitze des Schiffchens abschneiden und den Mast einstecken und einkleben. Das Segel mit der Lochzange lochen und auf den Mast aufstecken. Als Toppflagge einen Papierstreifen, 8 cm x 1,5 cm, an einer Seite spitz zuschneiden oder einkerben und ankleben.

Kleine Libellen

→ zieren den gedeckten Tisch

1 Die Blütenmitten aus dem dünnen, die Libellen und die Blüten aus dem dicken Sperrholz aussägen.

2 Mithilfe von Schablonen die Flügel aus dem Aluminiumblech zuschneiden. Alle Holzteile anmalen, die Innenlinien ergänzen und die Löcher in die Körper bohren. Die Körper mit Plusterstiftstreifen versehen und beidseitig die Flügelpaare aufkleben.

3 Die Fühler aus dünnem Draht einkleben. Die Blüten zusammensetzen und die Bohrungen in den Blüten ausführen.

4 Den dicken Bindedraht locken, in der Blütenmitte fixieren und auf das andere Ende die Libelle stecken.

MATERIAL FÜR ALLE LIBELLEN
- Sperrholzrest, 6 mm stark
- Sperrholz, 1 cm stark, 20 cm x 20 cm
- Acrylfarbe in Elfenbein, Pfirsich, Hautfarbe, Zartrosa (Wangen), Weiß (Wangen), Lindgrün, Zartblau und Zarttürkis
- Plusterstift in Weiß
- Aluminiumblech, 0,15 mm stark, 22 cm x 20 cm
- Bindedraht, ø 0,65 mm und 1,4 mm
- Bohrer, ø 1,5 mm

VORLAGE SEITE 219

Party-Windlichter

→ aus Strohhalmen

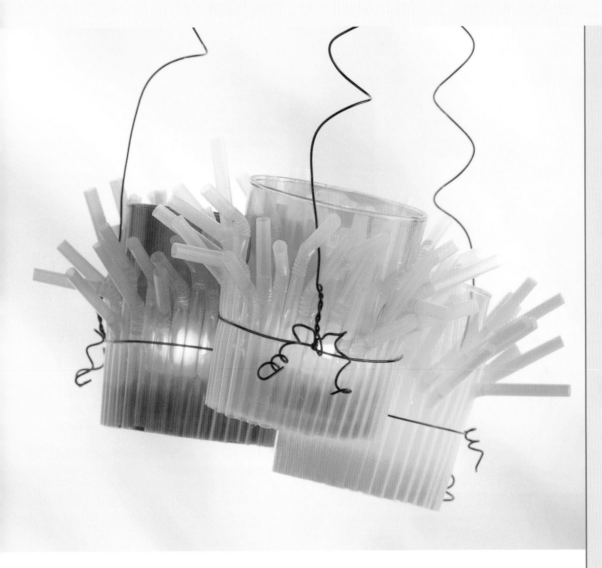

MATERIAL

- ◆ je 40 knickbare Trinkhalme in Gelb, Orange und Pink, ø 5 mm, 24 cm lang
- ◆ 3 Gläser, ø 7 cm, 10 cm hoch
- ◆ Glasreiniger
- ◆ transparente Hinterglasmalfarbe in Gelb, Orange und Dunkelrot
- ◆ Draht in Schwarz, ø 1,2 mm, 3 x 40 cm und 3 x 60 cm lang
- ◆ 3 Teelichter

1 Die Gläser mit Glasreiniger reinigen, mit der Hinterglasmalfarbe streichen und dann trocknen lassen.

2 Die Trinkhalme oberhalb des Knicks in beliebigen Längen abschneiden. Die Längen unterhalb sollten zwischen 3 cm bis 6 cm variieren.

3 Die Halme unterhalb des Knicks mit Heißkleber senkrecht und bündig am unteren Glasrand um die Gläser kleben.

4 Die 40 cm langen Drahtstücke unterhalb des Knicks des kürzesten Trinkhalms um die Gläser legen, die Enden fest miteinander verdrehen und spiralförmig aufdrehen. Nun die Gläser in unterschiedlichen Höhen mit Heißkleber aneinanderkleben.

5 Für die Aufhängung an jedes Glas ein 60 cm langes Drahtstück andrahten, um einen dicken Stift zur Spirale drehen, etwas auseinanderziehen und in gleicher Länge am oberen Ende zusammendrehen. Abschließend die Teelichter einlegen.

Landhausliebe

→ Schlüsselschränkchen im Gartenlook

1 Die Innenfläche auf der Außenseite der Schranktür (Füllung) mit Malerkrepp abkleben. Den restlichen Schrank komplett grün grundieren und trocknen lassen. Die Kanten des Schrankes abkleben, anschließend den Türrahmen mit Krakelierlack bestreichen und trocknen lassen. Den Türrahmen in Elfenbein zügig überstreichen. Das Malerkrepp komplett entfernen. Die Füllung ebenfalls in Elfenbein streichen und mindestens eine Stunde trocknen lassen.

2 Vier ca. 1 cm breite Streifen mit Rankenmotiven aus der Serviette schneiden. Deren Länge den jeweiligen Seitenlängen des Türrahmens angleichen und nach Anleitung auf Seite 209 aufkleben.

3 Zwei grüne Streifen in der passenden Länge aus der Serviette schneiden. Jeweils einen Streifen oben und unten auf die Füllung kleben.

4 Ein Stück der Serviette mit den abgebildeten Gartenmotiven auf die noch unbeklebte Fläche der Schranktür zuschneiden (hier ca. 10 cm x 12 cm) und aufkleben.

5 Die Werkzeuge und Gartengeräte mit Heißkleber auf die Schranktür kleben.

Bemalen und gestalten Sie das Schränkchen nach Belieben auch an den Seiten und innen!

MATERIAL
- Schlüsselschrank, 20 cm x 27 cm x 7 cm
- Acrylfarbe in Laubgrün und Elfenbein
- Krakelierlack
- Serviettenlack
- 2 Servietten mit Gartenmotiven
- Miniatur-Gartengerät: Spaten, 13 cm lang
- Miniatur-Handwerkzeug (z. B. Säge und Schaufel), 4 cm bis 6,5 cm lang
- Malerkrepp

Blütenkranz

→ spätsommerlich

MATERIAL

- Reisigstrang, ø ca. 5 cm, 1 m lang
- Sperrholz, 4 mm stark, 30 cm x 25 cm
- Acrylfarbe in Beige, Terrakotta und Grün
- Schleifenband in Terrakotta-Weiß kariert, 2,5 cm breit, 1 m lang
- 4 Rohholzhalbkugeln, ø 1,8 cm
- Satinband in Terrakotta, 3 mm breit, 8 x 30 cm lang
- Papierdraht in Grün, ø 0,5 mm, 9 x 20 cm lang
- wasserfeste Filzstifte in Grün und Grau
- Bohrer, ø 5 mm

VORLAGE SEITE 246

1 Den Reisigstrang zu einem Kranz legen und mit Draht zusammenbinden.

2 Die Blüten und Blätter je viermal auf Holz übertragen, aussägen und die Löcher bohren. Mit Schleifpapier glätten.

3 Die Blumen beige, die Holzhalbkugeln als Blütenmitten terrakottafarben, die Blätter grün bemalen. Gut trocknen lassen. Die Blütenmitten auf die Blumen kleben. Danach mit den Filzstiften die Blattadern und Akzente aufzeichnen.

4 Die Drahtstücke über einem Stift zu Spiralen winden und damit die Blätter und Blüten aneinanderdrahten. Mit den Schleifenbändern auf den Kranz binden und mit einer Schleife abschließen. Evtl. zusätzlich mit Heißkleber am Kranz fixieren.

5 Über die Bindestelle am Kranz das karierte Schleifenband binden, zusätzlich noch ein Stück dünnes Schleifenband anbringen.

Der Herbst ist da!

→ bunte Vogelscheuche

1 Zuerst auf den grünen Fotokarton mit gelbem und dunkelgrünem Filzstift ein Karomuster malen (siehe Seite 206), danach die Jacke ausschneiden. Ebenso den orangefarbenen und orangeroten Foto-karton bemalen und Schal bzw. Handschuhe zuschneiden.

2 Das Gesicht ausschneiden, die Linien aufmalen und mit einem Klebepad auf das bemalte Haarteil kleben. Dahinter wird der Hut mit dem gepunkte-ten Hutband befestigt (Punkte mit Filzstift auf-malen). Auf die Hutkrempe zwei Fotokarton-Blät-ter, in der Mitte gefalzt und hochgebogen, sowie zwei Blümchen kleben.

3 Den Hals durch den kleinen Schlitz im Schal schieben und dort fixieren. Die Handschuhe mit Schaschlikstäbchenstücken an den Armen fixieren.

4 Den bemalten Strohschwanz von hinten an die Jacke kleben und die Tasche aufkleben. Darauf die Maus setzen. Die Mäuseohren mit ein wenig rotem Stiftabrieb schattieren. Die Barthaare sind drei Blumendrahtstückchen, die vorher auf einem Zahn-stocher gelockt werden. Genauso den Papierdraht kräuseln.

5 Jetzt das Schild ausschneiden, beschriften, auf orangefarbenen Karton kleben und mit einem 2 mm breiten Rand ausschneiden. Zwei Löcher ein-stechen und den gekräuselten Papierdraht durch-ziehen, die Blümchen fixieren und die anderen Papierdrahtenden um die Handschuhe schlingen.

6 Den Rundholzstab von hinten an die Vogel-scheuche kleben und die Ärmel mit Papierkordel umwickeln.

MATERIAL

- Fotokarton in Grün, A3
- Fotokartonreste in Gelb, Schwarz, Hell-blau, Orange, Weiß, Orangerot, Haut-farbe und Hellgrau
- Tonpapierrest in Hellgrün
- Filzstifte in Gelb, Rot, Dunkelrot und Dunkelgrün
- Buntstift in Braun
- 8 Blümchen in Gelb, ø 1,5 cm
- Holzknopf, ø 2 cm
- Papierdraht in Natur, ø 1 mm, 1 m (Blumen), 15 cm (Knopf) und 2 x 25 cm lang (Ärmel)
- Rundholzstab, ø 4 mm, 50 cm lang
- Schaschlikstäbchen
- Blumendraht in Schwarz, ø 0,35 mm, 3 x 9 cm lang

VORLAGE SEITE 220

Anstatt Schal, Handschuhe und Mantel mit Stiften zu bemalen können Sie auch gemustertes Papier verwenden. Eine große Auswahl an schönen, fanta-sievollen Mustern finden Sie vor allem bei Scrap-booking-Papieren.

Fliegenpilzmännchen

→ Klangspiel

MATERIAL

- Tonkartonreste in Rot, Weiß, Orange, Vanille, Braun und Meergrün
- Silberdraht, ø 0,4 mm, 30 cm lang
- 2 Stoffherbstblätter, ca. 3 cm bis 5 cm lang
- 2 Zweige mit Stoffherbstblättern
- Naturbast
- 10 Weidenzweige, ca. 25 cm lang
- je 1 Klangstab in Silber, ø 6 mm, 12 cm, 14 cm und 16 cm lang
- Nähfaden in Schwarz

VORLAGE SEITE 220

1 Das Gesicht, die Innenlinien (gepunktet auf der Vorlage) und das Flickenmuster mit Filzstift aufmalen. Die Wange und die Nasenspitze mit Buntstift röten. Die Haare und den gemusterten Pilzhut aufkleben.

2 Die Schuhe und die Hände unter das geflickte, kragenbesetzte Kleidungsstück kleben. Zwischen den linken zwei Handflächen einen Zweig mit Blättern fixieren.

3 Ein Stoffblatt mit einem gelockten Draht verzieren und auf den Hut kleben. Die Weidenzweige mit Bast bündeln und diesen zur Schleife binden. Das Pilzmännchen zwischen einzelne Weidenzweige stecken, mit ein wenig Klebstoff fixieren und mit einigen Herbstblättern dekorieren. Die Klangstäbe anknoten.

Gespensterlaterne

→ für schaurig-schönes Licht

MATERIAL

◆ Konturenfarbe in Blei

◆ Windowcolor in Grau, Weiß, Orange, Gelb, Rot und Lila

◆ Mobilefolie, 0,4 mm stark, A3

◆ Teelichter

VORLAGE SEITE 221

1 Die Mauer gemäß Vorlage viermal mit Konturenfarbe auf die Mobilefolie malen. Gut trocknen lassen. Die vier Laternenseiten an den äußeren Umrissen entlang ausschneiden.

2 Die vier Gespenster in die Maueröffnungen auf die Mobilefolie malen. Nach dem Trocknen die Gesichter mit schwarzem Permanentmarker aufmalen.

3 Mit Klebefilm die vier Mauerstücke an den Ecken miteinander befestigen und die Teelichter einstellen. Dabei einen feuerfesten Untersatz verwenden.

Graf Dracula

→ ganz schön gruselig

1 Den großen Löffel auf 79 cm und je zwei der kleineren Löffel auf 20,5 cm bzw. 24,5 cm kürzen. Ca. 34 cm und 51 cm vom oberen Rand entfernt in den großen Löffelstiel zwei durchgehende Bohrungen mit dem Durchmesser der kleineren Löffel (hier 1,1 cm) anbringen.

2 Die Löffel, den Standfuß aus Sperrholz (20 cm x 20 cm) und die Untersetzer bemalen. Die Ohren mit dem Cutter aus Balsaholz ausschneiden, bemalen und aufleimen. Die kürzeren Löffel oben, die längeren unten in die Bohrungen leimen und trocknen lassen.

3 Den Standfuß in der Mitte vorbohren (ø 2,5 mm), dann die Schraube von unten durch den Fuß in den Löffelstiel drehen. Den Filz mit der Kordel gemäß Abbildung als Mantel umbinden. Anschließend Graf Dracula mit dem Spinnnetz dekorieren.

4 Für die Spinnen die Löffel gemäß Vorlage absägen, die Sägekanten glatt schleifen und dann bemalen. Die Schraubhaken eindrehen. Für die Beine je sechs 5 cm lange Chenilledrahtstücke von der Unterseite ankleben und formen. Die Spinnen mit der Kordel in gewünschter Länge aufhängen.

MATERIAL

DRACULA

- Holzkochlöffel mit runder Kelle, ø 10,5 cm, 1 m lang
- 4 Holzkochlöffel mit runder Kelle, ø 4,5 cm, 28 cm lang
- Sperrholz, 1,2 cm stark, 20 cm x 20 cm
- Balsaholzrest, 2 mm stark
- 4 Tonuntersetzer, ø 6,5 cm
- 4 Glas-Teelichthalter
- Kordel in Rot, ø 2 mm, 1 m lang
- Schraube, 4 mm x 50 mm
- Bastelfilz in Rot, 33 cm x 60 cm
- Acrylfarbe in Schwarz, Hautfarbe und Weiß
- Deko-Spinnennetz in Weiß

SPINNEN

- 3 Holzkochlöffel mit runder Kelle, ø 4,5 cm, 28,5 cm lang
- Acrylfarbe in Schwarz, Rot und Weiß
- Chenilledraht in Schwarz, ø 9 mm
- Baumwollkordel in Creme, ø 1 mm
- 3 Ringschrauben in Silber, 4 mm x 10 mm

VORLAGE SEITE 222

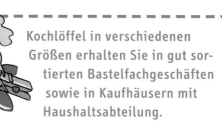

Kochlöffel in verschiedenen Größen erhalten Sie in gut sortierten Bastelfachgeschäften sowie in Kaufhäusern mit Haushaltsabteilung.

Wenn Sie die Spinnen nicht aus Kochlöffeln herstellen möchten, können Sie auch kleine Plastik-, Stoff- und Plüschfiguren verwenden, die es vor allem zur Halloween- und Faschingszeit zu kaufen gibt. Schön gruselig sieht es auch aus, wenn Sie Graf Dracula mit kleinen Fledermäusen oder Gespenstern dekorieren. Auf einer Halloweenparty oder an dunklen Herbstabenden ist diese Dekoration der absolute Hit!

Blätterkinder

→ „klammern" gerne

MATERIAL

- 3 Holzwäscheklammern, 7,5 cm lang
- Regenbogenfotokartonreste in verschiedenen Farbverläufen
- Acrylfarbe in Schilf, Hautfarbe und Scharlachrot
- 3 gewölbte Holzplatinen, ø 3 cm
- 6 Rohholzkugeln, ø 1,2 cm, mit einer Bohrung von ø 3 mm
- 3 Pompons in Rot, ø 7 mm
- Baumwollkordel in Grün, ø 1 mm, 3 x 12 cm lang
- Kokosfasern in Grün
- Bindedraht, ø 0,35 mm
- Lochzange

VORLAGE SEITE 222

1 Die Klammer in Schilf, die Holzplatine und die Rohholzkugeln in Hautfarbe anmalen. Mund, Augen und Wangen aufmalen und die Nasen fixieren. Einige Kokosfasern mit Bindedraht umwickeln, die Drahtenden locken und jedem Blatt ein Bündel ankleben. Mit der Lochzange zwei Löcher ausstanzen.

2 Das Kordelende mit einem Knoten versehen, eine Handperle auffädeln, durch das eine Loch im Blatt von vorn fädeln, von hinten durch das zweite Loch fädeln, die zweite Holzperle auffädeln und diese mit einem doppelten Knoten sichern.

3 Das Blatt mit der Heißklebepistole an der Klammer fixieren. Anschließend den Kopf ankleben.

Nusskörbchen

→ ein Paradies für Eichhörnchen

MATERIAL EICHHÖRN-CHEN

◆ Fotokartonreste in Orange, Hell-, Mittel- und Dunkelbraun, Schwarz und Weiß

◆ Stieldraht, ø 0,8 mm, 10 cm lang

KÖRBCHEN

◆ Fotokarton in Meer-grün, A2

◆ Edelbast in Natur

◆ 7 künstliche Blätter, ca. 7 cm lang

VORLAGE SEITE 222

Eichhörnchen

1 Die Augen und alle Verzierungen auf die Einzelteile malen. Die Wangen mit einem Buntstift rot färben.

2 Die Bauchteile, die Augenpaare, die Nüsse sowie den linken Arm des linken Tieres von vorn, die Schwänze von der Rückseite am Körper fixieren. Je einen Stieldraht von hinten an das Motiv kleben.

Körbchen

1 Den äußeren Kreis gemäß Vorlage aus Fotokarton aus-schneiden. Den Innenkreis mit Hilfe von Transparentpapier und einem spitzen Bleistift übertragen. Die Zacken rund-herum, wie auf der Vorlage ersichtlich, bis zu dieser Markie-rung schneiden. Die so entstandenen Zacken hochbiegen und einen Streifen Fotokarton (54 cm x 6 cm) daran befestigen. Die überstehenden Teile dabei zusammenkleben.

2 Das Körbchen mit dem Bast und den Blättern schmücken.

Kleine Zapfenkinder

→ echte Freunde

MATERIAL PRO FIGUR

◆ Rohholzperle, ø 2,5 cm

◆ Acrylfarbe in Haut-farbe und Braun

◆ Bastelfilzrest in Dunkelbraun

◆ ca. 20 Fichtenzap-fenschuppen

◆ Jutekordel in Natur, ø 2,5 mm, 25 cm und 35 cm lang

◆ Baumwollfaden in Schwarz, ø 1 mm, 50 cm lang

VORLAGE SEITE 220 + 221

1 Den Kopf hautfarben und den Tontopf braun bemalen. Das Gesicht gestalten.

2 Den Topf mit zwei versetzten Reihen zu je acht Schuppen bekleben. Filzkragen und -sternchen mit der Lochzange lochen.

3 Die Enden der beiden Jutekordeln jeweils mit einem Knoten versehen. Den Aufhängefaden in der Mitte der Beinkordel anknoten, die Fadenenden von unten durch die Topföffnung ziehen, die Armkordel dazwischenlegen und die Enden durch den Kragen, den Kopf und den kleinen Filzstern ziehen. Das Sternchen etwas nach oben schieben und aus drei Schuppen einen Hut auf den Kopf kleben.

4 Nach Wunsch kleine Schilder aus Tonkarton ausschneiden, mit Stiften verzieren und beschriften.

Kürbislaterne

→ mit Ausstechformen gestaltet

1 Die Konturen der Ausstechformen rundherum mit einem Filzstift auf den Kürbis übertragen.

2 Mit einem scharfen Messer den oberen Teil des Kürbisses abschneiden. Den Kürbisinhalt mit einem Esslöffel aushöhlen. Einen etwa 2 cm dicken Rand stehen lassen. Die Formen an der gewünschten Stelle in den Kürbis so weit wie möglich einstechen.

3 An der Kürbisinnenseite mit dem Löffel so lange das Fruchtfleisch abschaben, bis der Rand der Ausstechform zu sehen ist. Die Form mit Inhalt von innen nach außen drücken. Das Teelicht in den Kürbis stellen.

Die Ausstechformen sind im Herbst in jedem gut sortierten Haushaltswarengeschäft erhältlich.

Aus dem Fruchtfleisch eines Speisekürbisses lässt sich eine leckere, gesunde Suppe kochen!

MATERIAL
- Kürbis in Grün, ca. ø 18 cm
- Ausstechformen: Stern, Hexe und Katze, 3 cm, 6 cm und 7 cm hoch
- Teelicht

Indianer-Schultüte

→ für kleine Squaws und mutige Krieger

Schultüte

1 Sechsmal drei Perlen auf kurze Baststücke fädeln, verknoten und innen am Schultütenrand festkleben. Dann die Krepppapierverschlüsse einkleben (siehe Abb.): Krepppapier ist normalerweise 50 cm breit, für den Verschluss reichen 40 cm. Den Rest vom eingerollten Papier abschneiden.) Das Papier am Rand etwas raffen und in kleinen Abständen zusammenheften. Den Verschluss immer wieder einpassen, sodass er zum Schluss der Größe der Tütenöffnung entspricht und etwas überlappend eingeklebt werden kann. Dafür den inneren Rand abschnittsweise mit Heißkleber bestreichen, den Verschluss einlegen und andrücken. Für den doppelten Verschluss jedoch zuerst das äußere, ca. 12 cm breite, gelbe Band einkleben, darüber dann den eigentlichen, blauen Verschluss. Den oberen Rand mit der Zackenschere nachschneiden oder schon vor dem Einkleben große Zacken einschneiden. Die Tüte mit Bast schließen, dabei einige Federn mit einfassen.

2 Das Wellpappekleid des Mädchens unten fransig schneiden, die vorgegebenen Löcher einstechen und darin im Kreuzstich Bast einnähen. Die Fadenenden festkleben oder fest verknoten. Von hinten die Chenilledrahtarme mit den aufgeklebten Händen sowie die mit Bast geschnürten Stiefelchen ankleben. Den Fransenumhang und darauf das Kragenstück fixieren.

3 Das Gesicht gestalten und Nase, Zunge und Haarteil aufkleben. Mit einem Klebepad fixiert wirkt die Nase schön plastisch. Etwa 40 cm lange Wollfäden (ca. 35 bis 40 Stück) und einen schwarzen Chenilledraht mittig zusammenbinden und auf den Kopf kleben. Auf Ohrenhöhe jeweils zu Zöpfen flechten und die Enden mit etwas Bast umwickeln. Das Stirnband aufkleben – vorher das Bastmuster aufnähen – und zwei Federn einstecken. Den Kopf aufkleben. Dem Indianermädchen die aufgefädelte Perlenkette umhängen und es auf die Schultüte kleben.

Pinnwand

1 Die Korkplatte mittig auf das Wellpapperechteck setzen und dieses mit Wellpappezacken und -quadraten bekleben. Auf die Quadrate zuvor Bastkreuze nähen. Laut Abbildung die Hände aufkleben.

2 Das Indianerkind – hier ist es ein Bub mit Tonkartonhaaren, in die der Kopf eingeschoben wird – kann von der Schultüte gelöst und hinter die Pinnwand geklebt werden. Unten am Stab Federn fixieren und darüber ein mit Bast zusammengebundenes Wellpappestück setzen. Oben die Pfeilspitze mit Bast anbinden. An deren Rückseite die kleine Wäscheklammer ankleben und den Stab an die Seite hinter das Händchen kleben.

**MATERIAL
SCHULTÜTE**

◆ sechseckiger 3D-Wellpapperohling in Rot, 68 cm hoch

◆ je 1 Rolle Krepppapier in Blau und Gelb

◆ Tonkartonreste in Hautfarbe, Schwarz, Blau und Rot

◆ Wellpappe in Natur und Gelb, A4

◆ Chenilledraht in Hautfarbe, 25 cm, und in Schwarz, 40 cm lang, je ø 9 mm

◆ Holzperlen in Gelb, Rot, Blau und Natur, unterschiedliche Größen

◆ Packung bunte Federn

◆ Naturbast

◆ Wolle in Schwarz

**PINNWAND
(OHNE INDIANER)**

◆ Korkplatte, 4 mm stark, 28 cm x 20 cm

◆ Wellpappe in Rot, 34 cm x 26 cm

◆ Wellpappereste in Gelb und Natur

◆ Tonkartonrest in Schwarz

◆ Rundholzstab, ø 5 mm, 40 cm lang

◆ Holzwäscheklammer, 4,5 cm lang

◆ Federn in 2 x Weiß und je 1 x Rot und Gelb

◆ Naturbast

VORLAGE SEITE 223

Für ABC-Schützen

→ Buchstaben-Schultüte

Schultüte

1 Die Schultüte zusammen- und den Krepppapierverschluss einkleben (siehe Anleitung Schultüte auf Seite 52). Am Tütenrand die rote Kordel fixieren. Die Tüte wird mit Schleifenband verschlossen.

2 Bei den Mädchen den Kragen und einen Knopf aufkleben und mit Heiß- oder Kraftkleber die Aludrahtstücke für Arme und Beine auf der Rückseite anbringen. Auf die Armenden jeweils eine Holzkugel mit etwas Klebstoff aufschieben und die Kartonfüße ankleben. Das Köpfchen gestalten und das Haarteil mit der Schleife platzieren. Kopf und Körper mit einem auf der Rückseite aufgeklebten Aludraht verbinden. Die Punkte auf der Kleidung mit Filzstift aufmalen.

3 Bei den Buben Hemdchen und Hose zusammenkleben und die Figur wie beim Mädchen beschrieben zusammensetzen. Als Haare Wollfäden von hinten an den Kopf kleben. Einen Filzschal (7,7 cm x 7,5 cm) um den Hals binden.

4 Die Figuren und Buchstaben auf die Schultüte kleben und nach Belieben mit ausgestanzten Herzchen verzieren.

Geschwistertüte

Die Grundform einrollen und zusammenkleben und das Krepppapier im Inneren fixieren (siehe Seite 52). Eine Figur wie beschrieben anfertigen und mit großen und kleinen gebastelten Buntstiften aufkleben.

Rahmen, Stiftebox, Stundenplan und Klammer

Mit den lustigen ABC-Kerlchen können auch ein Stundenplan, ein Bilderrahmen, eine Stiftebox aus beklebter Toilettenpapierrolle oder Käseschachtel oder eine Klammer für wichtige Notizen verziert werden (siehe Abb.). Den Farbvarianten sind dabei keine Grenzen gesetzt!

MATERIAL SCHULTÜTE
- sechseckiger 3D-Wellpapperohling in Blau, 68 cm hoch
- Rolle Krepppapier in Hellgrün
- Schleifenband in Rot, 2,5 cm breit, 1,20 m lang
- Kordel in Rot, ø 6 mm, 1 m lang
- Motivlocher: Herz

JE ABC-FIGUR
- bunte Tonkartonreste
- bunter Knopf, ø 1,2 cm (nur Mädchen)
- je 2 halbgebohrte Rohholzkugeln, ø 1 cm
- Aludraht in Schwarz, ø 1,5 mm, 15 cm lang
- bunte Woll- und Filzreste (nur Jungen)

GESCHWISTERTÜTE (OHNE FIGUR UND STIFTE)
- Schultütenzuschnitt in Blau, 41 cm hoch
- Rolle Krepppapier in Gelb
- Schleifenband in Rot, 4 cm breit, 80 cm lang

VORLAGE SEITE 224

ZEIT	Montag	Dienstag	Mittwoch	Donnerstag	Freitag	Samstag

Laternenzauber

→ Seepferdchen und Kugelfisch

MATERIAL
SEEPFERDCHEN

- Fotokarton in Blau und Türkis, je 50 cm x 70 cm
- Regenbogenfotokarton (Gelb-Orange-Grün-Verlauf), A3
- Fotokartonrest in Weiß
- selbstklebende Hologrammfolie in Silber, A4
- Transparentpapier in Gelb, A3
- Aludraht in Silber, ø 2 mm, 60 cm lang
- Öl- oder Schulkreide in Orange
- Kerzenhalter und Laternenstab

KUGELFISCH

- Rundlaternenzuschnitt aus 3D-Wellpappe in Blau, ø 22 cm
- Regenbogenfotokarton (Orange-Grün-Blau-Verlauf), 50 cm x 70 cm
- Fotokartonrest in Weiß
- Regenbogentransparentpapier, 115 g/m², A3
- Transparentpapier in Weiß, 70 cm x 100 cm
- Luftballon
- Serviettenlack
- Kerzenhalter, Drahtbügel und Laternenstab

VORLAGE SEITE 225

Seepferdchen

1 Alle Laternenteile nach Vorlage zuschneiden. Die Schattierungen mit der Kreide auf den Regenbogenteilen auftragen und die Zierlinien und Pupillen mit einem schwarzen Stift aufmalen.

2 Das Transparentpapier, ø 17,5 cm, hinter die Laternenausschnitte kleben. Die beiden Kreise mit dem gefalzten Mittelteil zusammensetzen: Dazu zuerst die seitlich eingeschnittenen Zacken des Streifens falzen und umknicken. Nun den Mittelstreifen 5 mm vom Rand entfernt nacheinander auf die Seitenteile kleben: An der unteren Mitte beginnend immer nur drei bis vier Zacken auf einmal mit Heißkleber versehen. Für den Kerzenhalter mit dem Cutter kleine Schlitze in den Laternenboden schneiden. Den Kerzenhalter im Boden einstecken, die Enden auf der Außenseite umbiegen. Für die Aufhängung in die gegenüberliegenden Ränder der Laternenöffnung mit einer dicken Nadel je ein Loch stechen.

3 Das Seepferdchen nach Vorlage zusammensetzen und auf der Laterne platzieren. Die beiden Flossen nur an der schmalen Seite übereinander aufkleben. Die Kreise aus Hologrammfolie auf dem Motiv und dem Mittelstreifen verteilen.

4 Den Aludraht um einen Stift zur Spirale drehen, etwas auseinanderziehen und als Aufhänger, an dem der Laternenstab eingehängt wird, anbringen.

Kugelfisch

1 Alle Motivteile nach Vorlage zuschneiden, Mund und Auge mit einem schwarzen Stift, die Schattierungen mit Kreide aufbringen. Die Laterne zusammenstecken.

2 Nun den Kugelbauch aus einem Luftballon und dem weißen Transparentpapier arbeiten: Den Luftballon in der Laterne aufblasen und das Ende verknoten. Das Transparentpapier in kleine Stücke reißen und diese in drei Schichten nacheinander mit Serviettenlack auf die gewölbten Seiten kleben, ca. einen halben Zentimeter bis auf den Laternenrand. Die Laterne über Nacht trocknen lassen. Nach dem Trocknen den Luftballon einstechen und vorsichtig aus der Laterne ziehen. Den Kerzenhalter im Boden einstecken (siehe Seepferdchen).

3 Die bunten Schuppen aus Transparentpapier auf den dicken Bauch kleben und die grüne Flosse dazwischensetzen. Die zweilagige Schwanzflosse hinter dem Laternenrand ansetzen. Die beiden Teile aber nicht flächig miteinander verkleben.

4 Maul, Augen und Seesterne auf dem Laternenrand anbringen. Zuletzt den Drahtbügel einstecken.

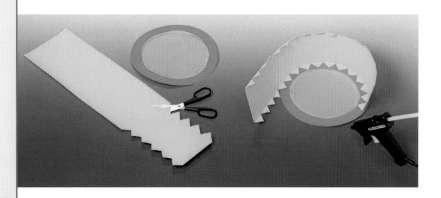

Fliegende Drachen

→ tanzen durch den Herbstwind

1 Die Teile gemäß der Grundanleitung „Holz sägen und bemalen" auf Seite 206 vorbereiten.

2 Beim Bemalen in Längsrichtung noch Spuren einer zweiten Farbe einarbeiten: in den gelben Drachen etwas Hellgrün, in die hellgrünen Quasten und Schwanzschleifen etwas Dunkelgrün. Beim roten Drachen Gelb bzw. Rot einarbeiten.

3 Gemäß Vorlage und Abbildung die Drachen und Vögel zusammendrahten; an den drei 15 cm langen Drähten die Vögel befestigen.

MATERIAL
- Sperrholz, 3 mm stark, A4
- Acrylfarbe in Gelb, Hellgrün, Dunkelgrün, Rot und Weiß
- Buntstifte in Rot und Gelb

- geglühter Blumendraht, ø 0,35 mm, 11 x 8 cm (Quasten, Vogelflügel), 3 x 15 cm (3 Vögel) und 2 x 25 cm lang (Schwänze)
- Bohrer, ø 1 mm

VORLAGE SEITE 256

Hilda, die Hexe

→ freut sich auf Halloween

1 Alle Konturen malen und gut trocknen lassen. Das Kleid in Violett ausmalen und für das Blumenmuster in die noch nasse Farbe um jeweils einen weißen Punkt herum fünf blaue Punkte aufsetzen. Die Wackelaugen des Raben ebenfalls in die noch nasse Farbe einlegen.

2 Nach dem Trocknen den in Orange, Hellgrün, Grün, Braun und Schwarz bemalten Kürbis mithilfe von zwei kleinen Drahtstücken mit den Händen der Hexe verbinden. Dafür mit einer Zirkel- oder Scherenspitze zuvor die entsprechenden Löcher stechen. In den Löchern in Hut und Schuh den restlichen Aludraht zum Aufhängen fixieren. Zuvor kleine Schlingen biegen und die Schelle in Fledermausform aufziehen.

3 Soll das Motiv als Türschild dienen, etwas Bast an die Drahtschlinge knüpfen und an den herabhängenden, losen Enden die zwei Kürbisschellen befestigen. Die Efeuranke um den Bast wickeln. Beim Öffnen der Tür läuten dann die Glöckchen.

MATERIAL

◆ Mobilefolie, 0,4 mm stark, A3
◆ Konturenfarbe in Schwarz
◆ Windowcolor in Schwarz, Violett, Lila, Gelb, Orange, Rot, Weiß, Hellblau, Dunkelblau, Hautfarbe, Braun, Hellgrün und Grün
◆ 2 Wackelaugen, ø 1 cm

◆ Aludraht in Schwarz, ø 1,5 mm, 50 cm lang
◆ Metallschelle in Schwarz: Fledermaus, 1,5 cm x 2,7 cm
◆ ggf. Metallschellen in Orange: Kürbis, ø 2,5 cm
◆ ggf. Efeuranke
◆ ggf. Bast in Natur

VORLAGE SEITE 223

Hallo, Winter!

→ winterliches Türschild

1 Alle Fotokartonteile ausschneiden und die Gesichter und Linien aufmalen. Die Wangen des Schneemanns mit einem Buntstift röten.

2 Der Schneemann erhält von vorn die Nase und die zweiteilige Mütze. Den Kopf und den Körper ergänzen und den Gesellen auf das mit den Buchstaben beklebte Schild kleben. Die Füße ebenfalls gemäß der Abbildung auf das Schild kleben.

3 Der Vogel mit der zweiteiligen Mütze erhält den Schnabel von der Rückseite und den Flügel von vorn. Ebenfalls gemäß der Abbildung auf das Schild kleben.

4 Die Schneekristalle bestehen aus drei Einzelteilen, die versetzt übereinandergeklebt werden. Diese auf dem Motiv fixieren.

MATERIAL
- Fotokarton in Lavendel und Weiß, A4
- Fotokartonreste in Orange, Pink, Violett und Gelb

VORLAGE SEITE 227

Den Schneemann können Sie mit durchsichtigem Klebeband an der Eingangstür befestigen. Oder Sie verwenden doppelseitiges Klebeband, das Sie auf der Rückseite des Modells anbringen.

Adventskalender-Dorf

→ aus kleinen Tontöpfen

1 Die Tontöpfe wie abgebildet anmalen.

2 Die Dachflächen aus Tonkarton zuschneiden, die Öffnung für den Schornstein ausschneiden und das Dach kegelförmig zusammenkleben. Mit einer Klammer die Klebeflächen zusammenhalten, bis der Klebstoff trocken ist.

3 Aus dem grauen Tonkartonstreifen pro Schornstein eine Rolle formen, in die entsprechende Öffnung stecken und auf der Dachinnenseite mit etwas Klebstoff fixieren. Watte in die Schornsteinöffnung stecken und etwas fixieren.

4 Pro Topf zwei Fenster und eine Tür aufkleben. Vorher das jeweils aus zwei Teilen bestehende Fenster zusammensetzen und das Fensterkreuz mit weißem Lackmalstift aufmalen. Die Tür vor dem Fixieren nummerieren.

5 Nach dem Ausschneiden der Tannen mit einer Nadel die Falzkante anritzen und die Standfläche nach hinten biegen, bis die Tanne einen festen Stand hat. Die Tannen nach Belieben zwischen den Häusern verteilen.

Wer etwas Zeit sparen möchte, arbeitet nur zwölf Häuser und versteckt in jedem Häuschen zwei Geschenke.

MATERIAL
◆ 24 Tontöpfe, ø 7 cm, 6 cm und 4 cm
◆ Tonkartonreste in Gelb, Grau und Weiß
◆ Tonkarton in Olivgrün, A4
◆ Tonkarton in Rot, 50 cm x 70 cm
◆ Acrylfarbe in Taubenblau, Antikblau, Schilf, Gelbocker und Pfirsich
◆ Watte in Weiß

VORLAGE SEITE 226+227

Auf der Piste

→ coole Astmännchen in Fahrt

**MATERIAL
BLAUE FIGUR**
(Angaben für den
roten Skifahrer in
Klammern)

- Feldahornaststück,
  ø 2,5 cm, 6,5 cm lang
  (ø 2,5 cm, 8,5 cm lang),
  Weidenaststück,
  ø 1,7 cm, 3,5 cm lang
  (gleich), 2 Weiden-
  zweigstücke, ø 8 mm,
  3 cm lang (ø 8 mm,
  2,5 cm lang)
- je 2 Zahnstocher in
  Blau (Rot)
- Holzperle in Rot,
  ø 8 mm (halbieren,
  Nase)
- 2 Holzperlen in Blau
  (Rot), ø 1 cm
- Fotokartonrest in Blau
  (Rot)
- Plüschrest in Blond
  (Braun)
- geglühter Blumen-
  draht, ø 0,65 mm,
  15 cm lang (Arme)
- Steckdraht, ø 1 mm,
  2 x 2 cm lang (Füße
  befestigen)
- Acrylfarbe in Schwarz
  und Weiß (Augen)
- Bohrer, ø 1 mm
- Schnitzmesser

**VORLAGE
SEITE 226**

1 Vom Rumpf mit dem Schnitzmesser für das Gesicht die Rinde abschälen (2,5 cm lang, 2 cm breit). 5 mm unterhalb des Gesichts den Rumpf für den Armdraht seitlich durchbohren. Die beiden Weidenzweigstücke als Arme der Länge nach durchbohren. Den Armdraht durch den Rumpf und beidseitig durch die Arme fädeln und als Hände je eine blaue (rote) Holzperle aufstecken. Die Drahtenden jeweils um das Handgelenk schlingen. Die Nase aufkleben, das Gesicht wie abgebildet aufmalen.

2 Das Weidenaststück für die Stiefel der Länge nach spalten und die Ränder abschneiden. Beide Stiefel jeweils einmal von oben anbohren, je ein Steckdrahtstück einstecken. Den Rumpf von unten für die Stiefelbefestigung zweimal anbohren, dann den Rumpf auf die Stiefel stecken.

3 Vom Plüsch einen Halbkreis, Radius 4,5 cm, abschneiden. Den Plüsch am Kopfrand ankleben, der Mittelpunkt des Halbkreises wird zur Mützenspitze. Die Stiefel auf die Skier kleben und die Zahnstocher als Skistöcke in die Hände stecken.

Frostige Nordmänner
→ sorgen für stimmungsvolles Licht

**MATERIAL
PRO FIGUR**

- je 1 Tontopf, ø 2,5 cm, 4 cm und 8 cm
- Acrylfarbe in Weiß und Schwarz sowie Rot, Grün oder Blau
- Moosgummireste in Rot, Blau oder Grün, 2 mm stark, ø 4 cm
- 2 Halbperlen in Schwarz, ø 4 mm
- FIMO® in Orange
- Bastelfilz in Rot, Blau oder Grün, 1,5 cm breit, 28 cm lang

**VORLAGE
SEITE 226**

1 Die beiden größeren Tontöpfe weiß, den kleineren Topf gemäß Abbildung grundieren. Nach dem Trocknen der Farbe die Verzierungen und Gesichter übertragen und mit einem feinen Haarpinsel aufmalen. Die Wangenbäckchen mit einem Schwämmchen aufwischen, die Nasen aus FIMO® formen (ca. 2,5 cm lang) und nach Herstellerangaben härten. Nasen und Augen aufkleben.

2 Den Kopf auf den Körper kleben und Hutkrempe und Hut aufkleben. Den Schal umbinden und die Enden fransig einschneiden.

In den Hut passen Kerzen mit ø 2 cm gut. Diese am besten auf ca. 6 cm kürzen.

Bescherung!

→ Seid Ihr alle brav gewesen?

1 Die Einzelteile auf Fotokarton übertragen und ausschneiden. Die Mantelsäume, Bartteile und den Mützensaum mit Strukturschnee bestreichen. Auf den Mantel mit dem grünen und weißen Buntstift ein großes Karomuster malen und auf die Kreuzungsstellen jeweils einen goldenen Punkt tupfen. Den grünen Sack mit einem braun-weißen Streifenmuster versehen und auf die Streifenränder kurze goldene Striche zeichnen. Das Herz aufkleben und den Sack mit dem Band oder der Kordel zubinden.

2 Das hautfarbene Gesichtsteil von hinten an den runden Ausschnitt des großen Bartteils kleben. Das Gesicht aufmalen und Schnurrbart und Nase ergänzen. Den Kopf auf den Mantel kleben. Den unteren Mantelsaum befestigen. An den Ärmelsäumen von hinten die Hände anbringen. Die Ärmelsäume auf den Mantel kleben und den Stern bzw. den Sack unterschieben. Den Teddy zusammenkleben und von hinten am Sack befestigen.

MATERIAL
- Fotokarton in Orange, A3
- Fotokarton in Weiß, A4
- Fotokartonreste in Hautfarbe, Grün und Braun
- Alukartonrest in Gold
- Veloursband oder Kordel in Orange, 3 mm breit, 30 cm lang
- dicke Buntstifte in Weiß, Dunkelbraun und Dunkelgrün
- feiner Strukturschnee
- Metallicfarbe in Gold

VORLAGE SEITE 228

Wer schläft denn da?

→ hier ist es so schön gemütlich

1 Den Weihnachtsmann, seine Beine, den Rentierkörper und den Rentierkopf aus dem dicken, die Nase des Rentieres aus dem mittleren und die Mütze zusätzlich aus dem dünnen Sperrholz aussägen.

2 Alle Teile wie abgebildet bemalen und sämtliche Innenlinien ergänzen. Die Nase in Schwarz, den Handschuh und die Socken in Olivgrün bzw. Weiß anmalen. Die Beine des Weihnachtsmannes an den Körper kleben, dabei darauf achten, dass sie senkrecht aufgeklebt werden. Die Mütze ergänzen und nach dem Trocknen das Bohrloch für das Andrahten des Glöckchens bohren. Den Flicken aufkleben.

3 Das Glöckchen andrahten und die Drahtenden locken. Dem Rentier den Kopf samt Nase ankleben.

4 Den Weihnachtsmann und das Rentier zusammenfügen. Dabei darauf achten, dass die Auflageflächen genau deckungsgleich und gerade sind.

MATERIAL
- Sperrholzrest, 6 mm und 8 mm stark
- Sperrholz, 1 cm stark, 30 cm x 35 cm
- Acrylfarbe in Terrakotta, Hautfarbe, Weiß, Olivgrün, Schwarz, Mittelbraun und Nougat
- Bindedraht, ø 0,35 mm
- Glöckchen in Silber, ø 9 mm
- Stoffrest, 1,5 cm x 2 cm (Flicken)
- Bohrer, ø 1,5 mm

VORLAGE SEITE 228

Watteweiches Weihnachts-Duo

→ lustige Säckchen-Figuren

1 Beide Baumwollsäckchen mit Füllwatte füllen und die Kordel zusammenziehen. Dann jedes Säckchen im oberen Drittel mit dem Garn zusammenbinden, sodass der Kopf entsteht (siehe Abbildung rechts).

2 Mithilfe des Bechers jeweils einen Kreis auf den Fotokarton zeichnen, ausschneiden, das Gesicht aufmalen und auf den abgebundenen Kopf kleben.

3 Dem Engel frei Hand ausgeschnittene Sterne aus Filz aufkleben. Dann für die Flügel den Tüllstoff an der langen Seite in der Mitte zusammenbinden und auf den Rücken kleben (siehe ebenfalls Abbildung rechts). Für die Haare einen Rest Füllwatte auf den Kopf kleben.

4 Für den Nikolaus das rote Filzrechteck in der Mitte einschneiden und auf den Körper kleben. Aus dem Filzrest frei Hand eine kleine Mütze zuschneiden und aufkleben. Den Bart und den Mützenrand aus Füllwatte aufkleben. Aus dem braunen Fotokarton frei Hand einen Stab ausschneiden und ebenfalls aufkleben.

5 Die Säckchen aufstellen oder aufhängen.

**MATERIAL
FÜR BEIDE FIGUREN**

◆ 2 Baumwollsäckchen, 10 cm x 14,5 cm
◆ Fotokartonreste in Hautfarbe und Braun
◆ Füllwatte
◆ Bastelfilz in Rot, 9 cm x 11,5 cm und Rest (für die Mütze)
◆ Bastelfilzrest in Gelb
◆ Tüll in Weiß, 5 cm x 12 cm
◆ Nähgarn in Weiß
◆ Buntstift in Schwarz
◆ Becher, ø 4,5 cm

Statt Füllwatte können Sie auch Märchenwolle verwenden. Es gibt sie in vielen verschiedenen Farben im Bastelfachhandel zu kaufen.

Die Heilige Familie

→ dekorative Krippenszene

MATERIAL

- Sperrholz, 6 mm stark, A4
- Sperrholz, 1 cm stark, 30 cm x 25 cm
- Acrylfarbe in Gold metallic, Nougat, Antikolive (Struktur), Hellgrau, Hautfarbe, Weiß, Zartrosa, Sand, Kürbis (Struktur), Mondstein (Struktur) und Antikblau
- 4 Rohholzhalbkugeln, ø 1 cm
- Bindedraht, ø 1,4 mm
- Ringschraube, 6 mm x 3 mm x 1,5 mm
- Paketschnur, ø 1,7 mm
- kleine Reisigzweige
- Bohrer, ø 1,5 mm

VORLAGE SEITE 229

1 Den kompletten Stall, das Kind und den Stern aus dem dünnen, den Stallrand, die Dachkanten und das Paar aus dem dicken Sperrholz aussägen.

2 Alle Sperrholzteile und die Rohholzhalbkugeln für die Hände anmalen. Dazu am besten einen Borstenpinsel benutzen. Manchen Farben ist vom Hersteller etwas feiner Sand zugesetzt, das schafft eine ansprechende Struktur. Am Stern die Farbe ruhig dicker auftragen (siehe Abbildung links).

3 Das Loch für den Hirtenstab in eine der Halbkugeln bohren. Den Stall zusammensetzen, das Jesuskind und die Hände aufkleben. Den in Form gebogenen Hirtenstab aus Bindedraht durch die Bohrung stecken und fixieren. Die Familie mit Holzleim oder Kraftkleber im Stall befestigen.

4 Den Stern am Stall anbringen und für die Aufhängung eine geschlossene Ringschraube ins Dach schrauben. Mit Heißkleber ein paar Reisigzweiglein aufs Dach kleben.

5 Die Paketschnur als Aufhängung durch die Ringschraube ziehen.

Falls das Durchbohren der Rohholzhalbkugel zu schwierig ist, können Sie den Hirtenstab auch in zwei Teile trennen und nur auf den Mantel kleben.

Geschenkdosen

→ pfiffige Idee

MATERIAL
PINGUIN

- leere, glatte Dose ohne Deckel, ø 7,3 cm, 8,3 cm hoch
- Bastelfilzrest in Orange
- Bastelfilz in Blau, 26 cm x 11 cm
- Schleifenband in Gelb-Weiß kariert, 1 cm breit, 25 cm lang
- Acrylfarbe in Weiß und Schwarz

NIKOLAUS

- leere, glatte Dose ohne Deckel, ø 7,3 cm, 8,3 cm hoch
- Bastelfilz in Weiß, 26 cm x 8 cm, und in Rot, 26 cm x 10 cm
- Pompon in Rot, ø 1,5 cm
- Kordel in Silber, 3 mm breit, 17 cm lang
- Acrylfarbe in Hautfarbe und Weiß

VORLAGE
SEITE 229

Pinguin

1 Die Dose bemalen, nach dem Trocknen mit Klarlack überziehen.

2 Den Schnabel aus Filz zuschneiden, mit wasserfestem, schwarzem Stift bemalen und aufkleben. Für die Mütze das 26 cm x 11 cm große Filzrechteck an einer breiten Seite in 1,5 cm breite und ca. 2 cm lange Fransen schneiden und um den Dosenrand kleben. Mit Schleifenband zusammenbinden.

Nikolaus

1 Die Dose bemalen und nach dem Trocknen mit Klarlack überziehen.

2 Den Bart und die Mützenumrandung aus weißem Filz zuschneiden. Die Umrandung der Länge nach in der Mitte falten und an den Dosenrand kleben. Bart und Pompon ebenfalls ankleben. Den roten Filz auf der breiten Seite in ca. 2 cm breite und ca. 4 cm lange Fransen schneiden und an den Innenrand der Dose kleben. Mit der Silberkordel zubinden.

Nikolausgeschenk

→ schnell gemacht

1 Alle Teile gemäß Vorlage ausschneiden.

2 Für den Körper und die Arme vom Nikolaus den roten Filz flächig auf den Tonkarton kleben. Das Gesicht unter dem Bart fixieren und auf den Körper kleben.

3 Für den Mützenbommel etwas Füllwatte mittig auf den weißen Tonkartonrest kleben. Dabei einen mindestens 8 mm breiten Rand aussparen. Dann den Kartonrand mit Klebstoff bestreichen und den weißen Filz aufkleben: Den Filzrest über die Füllwatte auf den Rand legen und mit den Fingern aufdrücken. Überstehende Filzreste abschneiden. Ggf. einige Stellen nachkleben. Das Gesicht aufmalen und die Filznase aufkleben.

4 Für das Körbchen den Boden gemäß Vorlage an der gestrichelten Fläche am Körper der Figur befestigen. Den gezackten Bogenrand nach oben knicken und den Körbchenrand daran befestigen. Wie abgebildet die Arme und den Stern aus Filz aufkleben. Das Körbchen nach Wunsch füllen.

MATERIAL
- Tonkarton in Rot und Hellbraun, je A4
- Tonkartonrest in Weiß
- Bastelfilz in Rot, A4
- Bastelfilzreste in Weiß, Hautfarbe und Gelb

VORLAGE SEITE 229

Fröhliche Weihnachten!

→ auf diesem Stern ist's gemütlich

MATERIAL

- Sperrholz, 5 mm stark, 20 cm x 20 cm (großer Stern und Engelskörper)
- Sperrholz, 3 mm stark, 12 cm x 12 cm (Arme, Flügel, kleine Sterne, Schild)
- Acrylfarbe in Weiß, Gold und Hautfarbe
- Lackmalstift in Gold
- Streuflitter in Gold
- Messingdraht, ø 0,4 mm, ca. 50 x 2 cm (Haare), 2 x 15 cm (Befestigung von Armen und Flügeln), 2 x 5 cm (Befestigung der Engel am Stern), 2 x 14 cm (Befestigung des Schildes an den Händen), 3 x 20 cm und 2 x 12 cm lang (Befestigung der Sterne)
- Bohrer, ø 1 mm
- Rundholzstab, ø 3 mm

VORLAGE SEITE 230

1 Den großen Stern und die beiden Engelskörper zuerst als ein Teil aussägen. Nun die Engelskörper aussägen, damit sie wie bei einem Puzzle eingefügt werden können. Die restlichen Holzteile aus dünnem Sperrholz aussägen, abschleifen und bemalen.

2 Auf die kleinen weißen Sterne Flitter aufstreuen, solange die Farbe noch feucht ist.

3 Arme und Flügel am Engelskörper befestigen: Den jeweiligen Draht zur Hälfte durch die Brustbohrung ziehen. Auf die Drahtenden die beiden Arme aufstecken. Ein Drahtende durch den Flügel und dann durch die Rückenbohrung ziehen, ebenso auf der anderen Seite. Die Drahtenden miteinander verdrehen und auf die gewünschte Länge kürzen.

4 Das weiß bemalte Schild mit Lackmalstift beschriften und die Konturen der Buchstaben mit einem sehr feinen schwarzen Filzstift nachziehen. Für die Befestigung des Schildes an den Engelhänden zwei je 14 cm lange Drähte zu Spiralen drehen, das Schild andrahten.

5 Durch die beiden Bohrungen am Schild sowie an der Spitze des Goldsterns jeweils einen 20 cm langen Draht ziehen und die Enden um das Holzstäbchen wickeln. Jeweils einen weiteren 12 cm langen, zu einer Spitze gedrehten Draht an der Sternspitze und an der linken Bohrung des Schildes befestigen. Die Drahtenden mit jeweils einem kleinen Stern bestücken.

6 In die fünf Bohrungen in den Engelsköpfen (gepunktete Linien) jeweils vier bis fünf je 2 cm lange Drahtstücke einstecken.

7 Die beiden Engelchen gemäß Vorlage und wie abgebildet an den Stern drahten.

Für sauber und gleichmäßig abgerundete Kanten erst mit der Feile vorarbeiten und dann mit 240er-Schleifpapier glätten. Wenn das Holz später etwas durch die Farbe hindurchschimmern soll, empfiehlt es sich, nach dem Trocknen mit 180er-Schleifpapier nachzuschleifen.

MATERIAL

◆ Mobilefolie, 0,4 mm
stark, A5

◆ Konturenfarbe in
Schwarz

◆ Windowcolor in Hell-
braun

◆ Plusterfarbe in Gelb

◆ 3 Klangstäbe in Silber,
4 cm lang

◆ 3 Metallsterne in Gold,
ø 2,5 cm

◆ 9 Holzperlen in Rot,
ø 6 mm

◆ Nelken, Zimtstangen

◆ Effektdraht in Gold,
ø 0,22 mm

◆ künstliche Tannen-
girlande, 2,40 m lang

◆ Satinband in Rot,
3 mm breit, 30 cm lang

◆ Satinband in Rot,
5 mm breit, 20 cm lang

◆ Nähgarn in Hellbraun
und Grün

**VORLAGE
SEITE 230**

Lebkuchenklangspiel

→ dekorativer Türschmuck

1 Die Mandelstücke ohne Kontur mit Plusterfarbe direkt auf die Folie malen. Die Konturen ziehen und die Flächen ausmalen. Sobald diese trocken sind, die Motive entlang der äußeren Kontur ausschneiden.

2 Die Tannengirlande in drei ca. 80 cm lange Stränge teilen. Die Stränge miteinander verdrehen, zu einem Kranz biegen und die Enden mit Heißkleber zusammenfügen.

3 Den Effektdraht durch die Perlen ziehen und die Enden miteinander verdrehen. Danach jeweils drei Perlen zusammenfügen. Die Zimtstangen auf je 1,7 cm Länge kürzen und die Mitte mit Effektdraht umwickeln. Die Accessoires mit Heißkleber auf dem Kranz befestigen. Die Klangstäbe am grünen Nähgarn in der Kranzmitte fixieren, indem es um den Kranz geschlungen wird.

4 Das Aufhängeband mit der Schleife befestigen. In die Lebkuchen gemäß Vorlage mit einer Nadel die Löcher stechen, durch diese die Aufhängefäden ziehen. Die Lebkuchen wie abgebildet untereinander am Kranz aufhängen.

Einzelne Lebkuchenmotive eignen sich auch wunderbar für dekorative Stecker. Dafür einfach in die noch feuchte Farbe mehrere Mandelhälften legen (zum Entfernen der Schalen die Mandeln kurz in kochendes Wasser geben) und nach dem Trocknen mit Plusterstift Zierränder aufmalen. Die fertigen Motive mit Heißkleber an ein Schaschlikstäbchen kleben. Von vorn eine rote Satinbandschleife befestigen, die mit dünnerem Band abgebunden ist.
In einen Apfel oder eine Orange gesteckt, wird aus den Steckern nicht nur ein schöner Tischschmuck, sondern auch ein süßes, vitaminreiches Präsent!

Engelsschar

→ schön am Weihnachtsbaum

**MATERIAL
PRO ENGEL**
- Sperrholz, 3 mm stark, 10 cm x 10 cm
- Acrylfarbe in Weiß, Gelb und Hautfarbe
- Lackmalstift in Rot
- Messingdraht, ø 0,4 mm, 20 cm lang
- Bohrer, ø 1 mm

VORLAGE SEITE 230

1 Die Motivteile mit Schablonen von der Vorlage auf Sperrholz übertragen.

2 Den Engel einmal, die Arme doppelt aussägen. Das Aufhängeloch bohren.

3 Die Ränder feilen und abschleifen.

4 Die Motivteile mit Acrylfarbe bemalen und mit Lackmalstift verzieren.

5 Nach dem Trocknen die Arme anleimen und den Engel am Draht aufhängen.

Sternendeko
→ vielseitig dekorierbar

MATERIAL

- Mobilefolie, 0,4 mm stark, A4 (reicht für einen großen und vier kleine Sterne)
- Konturenfarbe in Silber
- Windowcolor in Ultramarinblau
- Streuflitter in Silber
- Effektdraht in Silber, ø 0,22 mm

ZUSÄTZLICH FÜR STECKER

- Schaschlikstäbchen
- Acrylfarbe in Silber

VORLAGE SEITE 227

1 Gemäß Vorlage die Konturen in Silber ziehen und die Sterne nach dem Trocknen in Blau ausmalen. In die noch nasse Farbe der kleinen Sterne Flitter einstreuen.

2 Sobald die Farbe trocken ist, die Sterne entlang der Konturenlinie ausschneiden. Mit einer Nadel die Folie durchstechen und den Draht hindurchziehen. Die Enden miteinander verdrehen. Die Sternengirlande kann nach Wunsch verlängert werden.

3 Für einen Stecker den Schaschlikstab silberfarben bemalen und mit Heißkleber an der Rückseite des Sterns befestigen.

Viel Glück im neuen Jahr!

→ schön als Tischdeko oder zum Verschenken

Vorbereitung

Alle Kapseln mit Lack grundieren und anschließend mit der jeweils angegebenen und abgebildeten Acrylfarbe bemalen.

Fliegenpilz

1 Den Pilzhut aus Filz zusammenkleben und anschließend auf den Stiel kleben. Die Punkte mit Plusterstift aufsetzen.

2 Mit einer heißen Nadel ein Loch in die Unterseite der Kapsel schmelzen. Den Draht hindurchschieben und mit Alleskleber fixieren.

Schornsteinfeger

1 Die Wattekugel hautfarben bemalen und auf die Kapsel kleben. Das Gesicht mit Filzstift aufmalen, mit rotem Buntstift die Wangen und mit weißem Lackmalstift die Lichtpunkte gestalten. Für die Haare ringsum je 2,5 cm lange Baststücke aufkleben.

2 Den Deckel der Klebstofftube mit Filz beziehen, auf die Filzkrempe kleben und den fertigen Zylinder auf dem Kopf befestigen. Die Arme bestehen aus Chenilledraht (je 3,5 cm lang), auf dessen Enden die Rohholzperlen als Hände aufgesteckt werden.

3 Die Schuhe doppelt aus Wellpappe ausschneiden und mit der glatten Fläche nach außen ankleben. Die weißen Knöpfe mit einem Bürolocher ausstanzen. Den Filzschal zuschneiden (0,5 cm x 10 cm) und der Figur umbinden. Die Leiter aus Tonkarton ausschneiden und die Figur damit dekorieren.

Schweinchen

1 Die mit weißem Lackmalstift und schwarzem Tonkarton gestalteten Augen aufkleben. Mund und Nasenöffnung mit Filzstift aufzeichnen, die Wangen mit rotem Buntstift.

2 Die Filzohren ausschneiden und ankleben. Die Füße aus zwei 4 cm langen Chenilledrähten zurechtbiegen und diese am Körper fixieren. Das Chenilledrahtschwänzchen (3,5 cm lang) um einen Schaschlikstab wickeln, wieder abziehen und dann ankleben. Das Satinband wie abgebildet um den Bauch des Schweinchens binden und mit einer Schleife schließen.

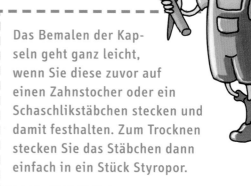

Das Bemalen der Kapseln geht ganz leicht, wenn Sie diese zuvor auf einen Zahnstocher oder ein Schaschlikstäbchen stecken und damit festhalten. Zum Trocknen stecken Sie das Stäbchen dann einfach in ein Stück Styropor.

MATERIAL PRO FLIEGEN-PILZ
- Kapsel von Überraschungsei
- Lack in Weiß glänzend
- Bastelfilzrest in Rot
- Plusterfarbe in Weiß
- Kupferdraht, ø 1 mm
- Feuerzeug

PRO SCHORN-STEINFEGER
- Kapsel von Überraschungsei
- Lack in Weiß glänzend
- Acrylfarbe in Schwarz und Hautfarbe
- Wattekugel, ø 2,5 cm
- Naturbast in Gelb
- Bastelfilzreste in Rot und Schwarz
- Deckel von UHU Alleskleber-Tube (35 g)
- Chenilledraht in Schwarz
- 2 Rohholzperlen, ø 6 mm
- Wellpapperest in Schwarz
- Tonkartonreste in Weiß und Schwarz

PRO SCHWEINCHEN
- Kapsel von Überraschungsei
- Lack in Weiß glänzend
- Acrylfarbe in Rosa
- Tonkartonrest in Schwarz
- Bastelfilzrest in Rosa
- Chenilledraht in Rosa
- Satinband in Rot, Blau oder Grün, 24 cm lang

VORLAGE SEITE 227

Suchen Sie noch eine hübsche Idee für Ihr Wohnzimmer?
Oder ist in der Küche und im Bad noch nicht alles so, wie
Sie es sich wünschen? Im Kinderzimmer herrscht Unordnung,
dem Blumenbeet fehlt der Pep? Alles kein Problem, denn
im folgenden Kapitel finden Sie garantiert tolle Vorschläge,
die zu Ihnen und Ihrem Zuhause passen.

Dekoratives für Haus und Garten

Bunte Schmetterlinge

→ fröhliche Deko-Ketten

MATERIAL
**SCHMETTERLINGE
AM BAND**

- Tonkartonreste in Pink, Lila, Gelb, Hellblau und Orange
- je 6 Rocailles in Rot, Lila, Gelb, Hellblau und Orange, ø 3 mm
- Schleifenband in Grün, 2,5 cm breit, 40 cm lang
- Gardinenring aus Holz, ø 4 cm
- Acrylfarbe in Grün
- evtl. Motivlocher: Ei, ø 2 cm
- evtl. Motivlocher: Kreis, ø 1,2 cm

**SCHMETTERLINGE
AUFGEFÄDELT**

- Tonkarton in Zitronengelb, Sonnengelb, Orange und Hellorange, je A4
- Holzperle in Orange, ø 1,5 cm
- 10 Holzperlen in Gelb, ø 1 cm
- 5 Holzperlen in Orange, ø 1 cm
- Baumwollfaden in Gelb, 1 m lang

VORLAGE SEITE 231

Schmetterlinge am Band

1 Die Falter und die Verzierungen jeweils aus Tonkarton ausschneiden bzw. ausstanzen und zusammenkleben. Die kleinen Perlen auf die Motive kleben und alles gut trocknen lassen.

2 Das Stück Schleifenband unten V-förmig einschneiden und die fertigen Schmetterlinge der Reihe nach von unten nach oben aufkleben.

3 Oberhalb der Schmetterlinge das Schleifenband durch den angemalten Holzring ziehen und festkleben.

Schmetterlinge aufgefädelt

1 Von jeder Farbe drei Blüten, einen Schmetterling, einen Vogel und eine Libelle aus Tonkarton ausschneiden. Die Verzierungen für Libelle, Vogel und Falter doppelt ausschneiden und von beiden Seiten aufkleben.

2 Die große Perle mit Nadel und Faden aufziehen und am unteren Ende anknoten. Eine gelbe Perle aufziehen und noch einmal den Faden durch das Loch ziehen, sodass sie festsitzt. Die Blüten und Perlen abwechselnd auffädeln. Den Falter und den Vogel durch zwei Löcher, die Libelle durch ein Loch auf die Kette ziehen.

Seerosen

→ für eine romantische Sommertafel

MATERIAL PRO ROSE

◆ leere, glatte Dose ohne Deckel, ø 7,5 cm, 3,5 cm hoch
◆ Metallfolie in Silber, 2 x A4
◆ Acrylfarbe in Dunkelgrün, Rosa und Weiß
◆ Metallhaftgrund
◆ Zackenschere

VORLAGE SEITE 231

1 Die Dose von innen und außen mit Metallhaftgrund bestreichen und nach dem Trocknen in Rosa oder Weiß bemalen.

2 Die Metallfolie ebenfalls grundieren und nach dem Trocknen je Seerose 18 Blütenblätter zuschneiden. Das große Blatt und einen 26 cm x 0,8 cm breiten Streifen mit der Zackenschere zuschneiden. Alle Teile beidseitig farbig bemalen und trocknen lassen.

3 Die Blütenblätter laut Abbildung formen und in drei Reihen (jeweils sechs Stück) von oben beginnend um die Dose kleben. Jede Reihe leicht versetzen.

4 Die Dose mittig auf das Seerosenblatt kleben. Den Folienstreifen an einem Ende ca. 1 cm umknicken und von unten als Stiel am Blatt befestigen. Das andere Ende zu einer Spirale formen. Zum Schluss alles lackieren.

Besonders schön wirken die Seerosen mit Schwimmkerzen dekoriert.

Sonne, Mond und Sterne

→ Fensterbilder aus Pappmaché

Pappmaché herstellen

1 Das Zeitungspapier in kleine Stücke reißen und diese in einen Eimer mit viel heißem Wasser geben. Das Papier mindestens eine halbe Stunde quellen lassen, bevor es mit dem Pürierstab zu einem dünnflüssigen Brei verarbeitet wird.

2 Den Brei durch ein Sieb in eine Schüssel geben und mit den Händen nochmals sanft durchkneten. Dafür am besten den nassen Brei auf ein trockenes Geschirrtuch gießen, damit umwickeln und die überschüssige Flüssigkeit durch den Stoff drücken.

3 Unter die Masse je drei Esslöffel Holzleim und Tapetenkleister rühren und das Ganze nochmals gut durchkneten.

Sonne, Mond und Sterne

1 Die Vorlagen auf Pappe übertragen und ausschneiden. Für die Sonne die Styroporkugel mit einem scharfen Messer oder Cutter halbieren. Eine Kugelhälfte und die ausgeschnittene Grundform mit Kraft- oder Heißkleber verbinden. Den Körper kaschieren: Dafür die Form mit Zeitungspapierschnipseln (ca. 4 cm x 4 cm) mithilfe von Tapetenkleister in mehreren Lagen überkleben. Die Schnipsel müssen sich dabei immer überlappen. Mit den Fingern glatt streichen.

2 Die Strahlen der Sonne modellieren und auch Nase und Locke aus Pappmaché formen. Ebenso den Mond und die Sterne vorbereiten. Augen, Augenbraue und Nase des Mondes aus Pappmaché formen. Die jeweiligen Formen mit Pappmachémasse überziehen und die Figuren zwei Tage trocknen lassen.

3 Die Formen weiß grundieren und nach dem Trocknen wie abgebildet bemalen. Für die sanften Übergänge zwischen den Gelb- und Orangetönen den dunkleren Farbton bereits in die noch feuchte gelbe Farbe geben und etwas verwischen. Die Münder mit wasserfestem rotem Stift oder Buntstift aufmalen.

4 Auf der Rückseite den Faden für die Aufhängung anbringen. Den Draht rot bemalen, spiralförmig drehen und damit Stern und Mond verbinden. Mit Heißkleber zusätzlich fixieren.

MATERIAL FÜR PAPPMACHÉ-MASSE

- 8–10 Bögen Zeitungspapier
- Eimer mit heißem Wasser
- Pürierstab
- Sieb oder Geschirrtuch
- Schüssel
- je 3 Esslöffel Holzleim und Tapetenkleisterpulver

ZUSÄTZLICH FÜR SONNE, MOND UND STERNE

- dicke Pappe, A3
- Styroporkugel, ø 10 cm (Sonne)
- Acrylfarbe in Gelb, Orange, Rot, Weiß, Schwarz und Braun
- Aludraht, ø 1 mm, 15 cm lang
- Nähfaden zum Aufhängen, je ca. 50 cm lang
- Tapetenkleister

VORLAGE SEITE 231

Pappmaché ist ein Papierbrei, der sich wie Ton oder Modelliermasse verarbeiten lässt. Wenn Sie die Masse nicht selbst herstellen möchten, können Sie auch Pappmachépulver, das mit Wasser angerührt wird, im Fachhandel kaufen.

Taschenband mit Margeriten

→ zart und natürlich

MATERIAL

◆ Cannastab in Blau, ca. ø 4 mm, 38 cm lang

◆ Taschenband in Royalblau mit 2 Taschen, 13 cm breit, 52 cm lang

◆ Minibuchsgirlande, ø 1 cm, 1,27 m lang

◆ Satinband in Weiß, 3 mm breit, 2,50 m lang

◆ Satinband in Gelb, 3 mm breit, 2 m lang

◆ Band in Blau-Weiß kariert, 1 cm breit, 1,20 m lang

◆ 2 Zinkeimer, ø 2,5 cm, 3 cm hoch

◆ 2 Zinkgießkannen, ø 2,5 cm, 3 cm hoch

◆ 2 Margeritenblüten aus Stoff, ø 5 cm

◆ Sisal in Gelb und Blau

◆ ggf. Wäscheklammern

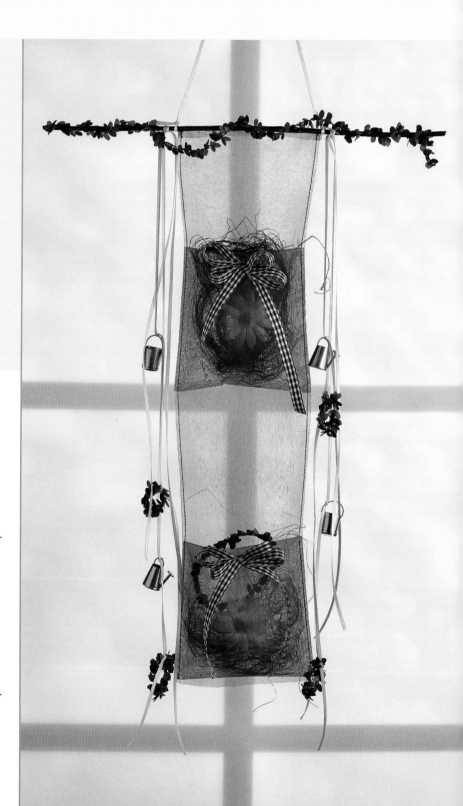

1 Das Taschenband mit Heißkleber am Cannastab befestigen. Ggf. mit Wäscheklammern fixieren. Die Klebestelle auf die Rückseite drehen. Seitlich davon 50 cm weißes Satinband als Aufhängung knoten.

2 Aus vier 13 cm langen und einem 25 cm langen Stück Buchsbaumgirlande kleine Kränze von 3,5 cm bzw. 8 cm Durchmesser winden. Den Rest der Girlande um den Cannastab wickeln und an den Enden mit Heißkleber fixieren.

3 Die Satinbänder teilen und je ein gelbes und ein weißes Band zusammen am Stab anknoten. Die Zinkgefäße und die vier kleinen Kränze an die Bänder knüpfen.

4 Aus je 60 cm Karoband zwei Schleifen binden und mit Heißkleber auf die Taschen kleben. Die Taschen mit Sisal, Buchskränzchen und den Margeritenblüten füllen.

Stimmungsvolles Ambiente

→ Lichterkette für laue Sommerabende

MATERIAL

- 10er-Lichterkette in Weiß
- Textilfilz in Weiß und Pink, 4 mm stark, je 30 cm x 45 cm
- Strohseide in Apfelgrün, 30 cm x 35 cm
- Serviettenlack
- Cocktail-Serviette mit pinkfarbenem Spitzenmuster
- Serviette mit pinkfarbenem Blumenmuster
- Silberdraht, ø 0,30 mm
- Holzperlen in verschiedenen Größen und Formen in Pink und Hellgrün (Perlenmischung)
- Perlenmischung „Schmuckset Silber"
- Rocailles in Pink, ø 2,6 mm
- Fotokarton in Weiß, 2 x A4
- Miniblättergirlande in Grün, ca. 5 m lang

VORLAGE SEITE 229

1 Die Servietten nach Anleitung auf Seite 209 auf den Fotokarton kleben. Mithilfe von Schablonen fünf weiße und fünf pinkfarbene Filzblumen mittlerer Größe, zehn Strohseidenblumen mittlerer Größe und pro Serviette je fünf kleine Blumen ausschneiden.

2 Je drei Blumen der Größe nach aufeinanderkleben. Es sollte kein Klebstoff unter die sichtbaren Teile der Strohseide gelangen!

3 Mit dem Cutter mittig einen kreuzförmigen Einschnitt anbringen. Damit die Einschnitte später nicht zu sehen sind, die fertigen Blumen zunächst ganz über die Lämpchen bis zum Kabel schieben. Etwas Heißkleber auf das vordere Ende der Plastikfassung geben und die Blumen dann wieder zurück auf das Lämpchen schieben. Die Blumen festdrücken und trocknen lassen.

4 Den Draht von der Rückseite durch den Filz stechen, Perlen und Rocailles wie abgebildet auffädeln. Den Draht ggf. mehrfach durch den Filz fädeln, dabei weitere Perlen aufnehmen. Immer wieder durch den Filz stechen, sodass die Perlen über die gesamte Blüte verteilt sind.

5 Die Drahtenden auf der Rückseite miteinander verdrehen.

6 Das Kabel der Lichterkette mit der Miniblättergirlande umwickeln.

Spielzeugkiste

→ für viel Krimskrams

1 Die Blume, das Gras und den Kopf, den Körper und die Füße der Maus auf Sperrholz übertragen, die Ohren auf Flugsperrholz. Alle Teile aussägen und abschleifen.

2 Alles wie abgebildet anmalen und trocknen lassen. Danach Gesicht und Körper im Detail ausgestalten (für den Mund schwarzen Permanentmarker verwenden). Die Holzkiste innen und außen Maigrün anmalen. Den Blumenstängel auf die trockene Kiste aufmalen.

3 Zum Schluss die Motivteile auf die Kiste kleben. Die Mäusenase ist aus Filz, der Mäuseschwanz aus Paketschnur.

Fertige Holzkisten gibt es im Baumarkt zu kaufen. Verwenden Sie die dickflüssige Acrylfarbe für genaue Konturen und Linien. Die Seidenmalfarbe eignet sich, da sie stark fließt, vor allem für einfarbige Flächen.

MATERIAL

- fertige Kiste aus Kiefernholz, 39 cm x 25 cm x 29 cm
- Pappelsperrholz, 3 mm stark, 30 cm x 18 cm
- Flugsperrholzrest, 1,2 mm stark
- Acrylfarbe in Weiß, Schwarz, Grün, Gelb und Brombeere
- Seidenmalfarbe in Brombeere, Rosa und Maigrün
- Bastelfilzrest in Brombeere
- Paketschnurrest

VORLAGE SEITE 232

Fröhliches Mobile

→ können schon die Kleinsten basteln

MATERIAL

- Fotokartonreste in Gelb, Orange, Rot, Grün, Weiß und Blau
- Holzring in Natur, ø 10 cm
- 6 Holzperlen in unterschiedlichen Farben, ø 1,5 cm
- 6 Holzperlen in Rot, ø 4 mm
- 12 Perlen in unterschiedlichen Farben (jeweils 2 in gleicher Farbe), ø 2,5 mm
- Packung Holzperlen in verschiedenen Farben und Formen, ø 0,5-2 cm
- Perlonfaden, ø 0,3 mm
- Bohrer, ø 2 mm

VORLAGE SEITE 216

1 Sechs Perlonfäden in verschiedene Längen von 18 cm bis 40 cm schneiden und am unteren Ende mit einer Perle verknoten. Mehrere Perlen in verschiedenen Formen und Farben ca. 6 cm bis 8 cm lang auffädeln. Zuletzt eine Perle (ø 1,5 cm) als Kopf auffädeln.

2 Den Kopf an der darunterhängenden Perle und am Perlonfaden festkleben, um den Körper zu fixieren. Das Gesicht aufmalen und kleine rote Perlen (ø 4 mm) als Nasen aufkleben. Die Flügel aus Fotokarton ausschneiden, sämtliche Innenlinien aufmalen und von hinten an den Schmetterlingskörper kleben.

3 Zwölf Perlonfäden à 3 cm zuschneiden. Jeweils gleichfarbige Perlen (ø 2,5 mm) auffädeln und festkleben. Die Fühler nun paarweise in das Loch der Kopfperle einkleben.

4 Wie abgebildet sechs Löcher in den Holzring bohren. Die Perlonschnüre mit den Schmetterlingen von unten durch die Löcher fädeln und mit einer bunten Perle festknoten. Darauf achten, dass die Figuren in verschiedenen Höhen hängen. Den Holzring an drei Perlonfäden aufhängen.

Die witzigen Figuren können Sie auch als Schlüsselanhänger basteln. Dafür lassen Sie die Flügel einfach weg und knoten die nun entstandenen Raupen oder Würmchen mit einer Gummischnur an einen Schlüsselring oder Karabinerhaken.

Fliegender Drache
→ lieber Geselle im Kinderzimmer

1 Den Körper und die beiden Flügel gemäß Vorlage auf das jeweilige Holz übertragen und alle Teile aussägen.

2 Mit dem 1 mm-Bohrer jeweils zwei Löcher in die Flügel bohren. Durch diese wird zum Schluss der Bindfaden zum Aufhängen der Figur gezogen. Die Ringschrauben in den Drachenkörper und in die Innenseiten der Flügel drehen. Darauf achten, dass der Abstand der Schrauben in den Flügeln mit dem Abstand der Schrauben im Körper übereinstimmt. Mit dem 2 mm-Bohrer die Nasenlöcher etwa 3 mm tief bohren.

3 Die Figur bemalen und nach dem Trocknen die Wackelaugen aufkleben.

4 Die Flügel am Körper einhängen, damit der Drache aufgehängt werden kann. Dafür die Ringschrauben anbringen, die Ösen in den Flügeln mit einer Zange leicht aufbiegen und nach dem Einhängen wieder vorsichtig zubiegen.

5 Durch die Ringschraube am Körper des Drachen das Hutgummi ziehen. An den Flügeln die Bindfäden anbringen. Das Hutgummi und die Fäden werden dann zusammengefasst und das Tier damit angehoben. Die Länge von Gummi und Fäden so variieren, dass die Seitenteile waagerecht stehen und alles mit einem Knoten zusammenhalten. Die nach unten gebogene, letzte Windung der Spirale verhindert das versehentliche Abrutschen des Knotens aus Fäden und Hutgummi. Die nach oben gebogene, erste Windung der Spirale erleichtert das Aufhängen an der Decke.

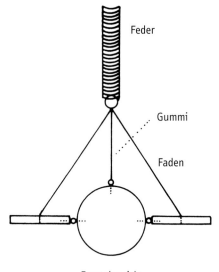

Feder

Gummi

Faden

Frontalansicht

MATERIAL

- Massivholz, 1,8 cm stark, 20 cm x 14 cm
- Sperrholz, 4 mm stark, 12 cm x 18 cm
- Acrylfarbe in Gelb, Grün und Rot
- 2 Wackelaugen, ø 1 cm
- 9 Ringschrauben, ø 3 mm
- Zugfeder
- Bohrer, ø 1 mm und 2 mm
- Hutgummi
- Bindfaden in Gelb

VORLAGE SEITE 233

Die Zugfeder ist in gut sortierten Bastelfachgeschäften und Baumärkten erhältlich.

Lampe aus Naturpapier

→ mit originellen Stacheln

MATERIAL

◆ dreieckige Lampen-
  fassung mit Gestell
  auf Füßen

◆ Glühbirne

◆ geprägtes Natur-
  papier in Orange, A3

◆ Strohseide in Rot, A3

**VORLAGE
SEITE 232**

1 Nach den Maßen der Vorlage das orangefarbene Papier zuschneiden. In der gleichen Größe die Strohseide zuschneiden. Die
Faltlinien an beiden Zuschnitten markieren.

2 Auf die Rückseite des orangefarbenen Papiers die Dreiecke
(siehe Vorlage) beliebig verteilt aufzeichnen und auf einer
Schneideunterlage mit einem Cutter die zwei langen Seiten einschneiden. Die Unterseiten der Dreiecke nicht aufschneiden. Die
aufgeschnittenen Dreiecke vorsichtig auf die Vorderseite biegen.

3 Das rote Papier auf die Rückseite des orangefarbenen kleben.
Nur an der Klebelasche und an ein paar Stellen mit doppelseitigem Klebeband fixieren. Die Klebelasche mit doppelseitigem
Klebeband versehen und die Lampe zusammenkleben. Über die
Schneide einer geöffneten Schere vorsichtig die Spitzen der Dreiecke ziehen, damit sie sich etwas nach außen rollen. Den Lampen-
schirm auf das Lampengestell setzen.

Es gibt Transpa-
rentpapier mit
wundervollen ori-
entalischen Ornamen-
ten zu kaufen, das sich hervorra-
gend für diese dreieckige Lampe
eignet. Sie können es als äußere
Lampenschirmgestaltung verwenden
oder nur als Hintergrundpapier.

Märchenhaftes Indien

→ Fensterbild und Deko-Glas

1 Alle Konturen in Silber ziehen und das Rankenmuster am Rand sowie die Spiralen und Punkte auf dem Tempeldach mit weißer Konturenfarbe zeichnen. Dann die Strasssteine auf die nasse Kontur legen. Steine, die neben der Kontur liegen, in einen aufgesetzten Tropfen transparenter Farbe einlegen.

2 Das Bild im Innenquadrat und die beiden äußersten Randstreifen ausmalen. Die Strasssteine und den Stern über dem Torbogen in die nasse Farbe einlegen. Alles gut trocknen lassen.

3 Die Mobilefolie wenden und auf der Rückseite alle Flächen hellblau ausmalen, die auf der Vorderseite mit weißer Konturenfarbe gestaltet wurden.

4 Nach dem Trocknen die Löcher stechen, den Nylonfaden zum Aufhängen einziehen und beidseitig bunte Glasperlen und je eine Rillenperle auffädeln. Die Quaste mit etwas Nylonfaden umwickeln, Glasperlen dazufädeln und am unteren Rand befestigen.

Mit aufgemalten Ornamenten und Häkelspiegeln können Sie auch kleine Glasgefäße verzieren (Vorlage Seite 233).

MATERIAL

- Mobilefolie, 0,4 mm stark, A3
- Konturenfarbe in Silber und Weiß
- Windowcolor in Helltürkis, Türkis, Blau, Dunkelblau, Lila, Violett, Perlmutt, Hell- und Dunkelgrün, Grau, Glitter-Silber, Bernstein, Rosa, Transparent und Schwarz
- Silberquaste, 5 cm lang
- verschiedene Glasperlen in Blau- und Grüntönen
- 2 Rillenperlen in Silber, ø 8 mm
- 37 runde Strasssteine in Hellblau, ø 6 mm und 5 tropfenförmige, 1 cm lang
- Holzstern in Silber, 2 cm

VORLAGE SEITE 233

Kunterbuntes Badezimmer

→ Besuch aus dem Meer

MATERIAL
- Pappelsperrholz, 4 mm stark, 60 cm x 40 cm
- Wasserfarbe in Rosa, Schwarz, Hellgrün, Grau, Orange, Pink, Hellblau und Gelb
- Deckweiß
- Satinband in Gelb, 3 mm breit

VORLAGE SEITE 234

Fisch und Seestern können Sie mit Klebefilm auch schön in einen Türrahmen hängen. Die Buchstaben werden mit doppelseitigem Klebeband angebracht.

1 Alle Motive gemäß Vorlage und Anleitung auf Seite 206 aussägen. Die Buchstaben nach Wunsch anmalen. Den Seehund grau bemalen. In die noch nasse Farbe für die Schatten gemäß Abbildung Schwarz einmalen und in die graue Farbe ziehen. Trocknen lassen und die restliche Bemalung anbringen.

2 Die Krake hellrosa bemalen. Nach dem Trocknen das Motiv wie abgebildet weiter gestalten.

3 Den Fisch Fläche für Fläche, den Seestern komplett in Orange bemalen. Nach dem Trocknen die Gesichter bzw. die Punkte am Seestern aufmalen und auf die Rückseiten je 25 cm Satinband kleben.

Hilfsbereiter Koch

→ hier sind Obst und Gemüse gut aufgehoben

1 Den Aufhängehaken in den Kleiderbügel drehen. Seitlich für die Ringschrauben zwei Löcher bohren. Alle Teile aus Sperrholz aussägen und bemalen. Das Karomuster mit weißem Lackmalstift auf das Halstuch zeichnen.

2 Die Ringschrauben in die Bohrlöcher schrauben. Den Kopf, den Schnauzbart, den Mützenrand und die Ärmelaufschläge aufkleben. Die Holzkugel als Nase befestigen.

3 An die Enden und in die Mitte zweier 26 cm langer Kettenstücke einen Metallhaken einhängen. Damit wie abgebildet den Korb an den Koch hängen.

4 Die restliche Kette durch den Aufhängehaken des Kleiderbügels ziehen und damit den Koch frei im Raum aufhängen.

Da der Koch frei hängen sollte, arbeiten Sie die Rückseite am besten gegengleich.

MATERIAL
- Kleiderbügel mit Haken, geschwungene Form, 44 cm lang
- Sperrholz, 4 mm stark, 30 cm x 21 cm
- Rohholzhalbkugel, ungebohrt, ø 2,5 cm
- Acrylfarbe in Weiß, Hautfarbe, Mittelblau und Schwarz

- Metallkorb, ø 25 cm, 9 cm hoch
- Metallkette in Silber, 84 cm lang
- 6 Metallklemmhaken in Silber, 2 cm lang
- 2 Ringschrauben in Silber, ø 1 cm, 2,5 cm lang
- Bohrer, ø 2 mm

VORLAGE SEITE 234

Am Strand

→ Urlaub für zu Hause

1 Aus dem Fotokarton ein Quadrat ausschneiden, das ca. 2 cm größer ist als der Ausschnitt des Passepartouts, und dieses mit Strukturpaste bespachteln. Dabei unbedingt einen jeweils 2 cm breiten Rand frei lassen! Trocken föhnen und anschließend in Hellblau bemalen. Erneut trocken föhnen.

2 Die untere Hälfte satt mit 3D-Lack bestreichen, anschließend kleine Muscheln und Rocailles in den feuchten Lack drücken. Gut trocknen lassen. Das so gestaltete Quadrat mit Klebeband hinter dem Passepartout befestigen.

3 Das Netz wie abgebildet am Passepartout befestigen, mit aufgeklebten Perlen und Muscheln dekorieren. Die Möwe und den

Schriftzug „Seaside" grob aus der Serviette ausschneiden und mit Serviettenlack auf Fotokarton kleben. Nach dem Trocknen exakt ausschneiden und den Schriftzug gemäß Abbildung auf das Passepartout kleben.

4 Den Bilderrahmen etwa bis zum Schriftzug mit Sand füllen, das Passepartout von hinten in den Rahmen einsetzen und verschließen. Die Rückwand des Rahmens sorgfältig mit Paketklebeband abdichten, damit der Sand nicht herausrieseln kann.

5 Die Möwe und Muscheln wie abgebildet auf Rahmen und Glas befestigen.

MATERIAL

- 3D-Bilderrahmen in Weiß mit Passepartout, 26 cm x 26 cm
- Acrylfarbe in Hellblau
- 3D-Lack
- Serviettenlack
- Serviette: Seaside blue
- Fotokarton in Weiß, 2 x A4
- Strukturpaste in Weiß
- Fischer- oder Einkaufsnetz in Natur
- Rocailles in Türkis, ø 2,6 mm
- Glaswachsperlen in Türkis, ø 6 mm
- Muscheln
- Vogelsand
- Paketklebeband
- Spachtel oder Messer
- Föhn

Muscheln, Sand und naturfarbenes Fischernetz erhalten Sie im Sommer in Deko- und Bastelfachgeschäften. Anstelle eines Fischernetzes können Sie aber auch ein altes, grobmaschiges Einkaufsnetz verwenden.

Frische Meeresbrise

→ heitere Deko-Idee für den Sommer

Leuchtturm

1 Den Sand mit der Acrylfarbe mischen und die Tontöpfe, den Tonuntersetzer und einen Zahnstocher gemäß der Abbildung grundieren und bemalen. Nach dem Trocknen weiße Fenster aufmalen, die Umrandungen mit Plusterstift gestalten.

2 Die Töpfe mit Holzleim übereinandersetzen und oben den Tonuntersetzer mit dem kleinen Tontopf aufkleben. Die Möwe auf den weiß bemalten Zahnstocher kleben und im oberen Tontopf fixieren.

3 Ggf. nach Wunsch mit Teelichtern dekorieren.

Seemann ahoi!

1 Den Sand mit der Acrylfarbe mischen und die Schale innen und außen damit grundieren. Das Gesicht mit Filz- und Buntstift auf der Holzperle gestalten, den Pompon als Nase aufkleben. Den Tontopf weiß grundieren und nach dem Trocknen die Streifen aufmalen.

2 Die Figur wie folgt als Kantenhocker mit Hals zusammensetzen: Den auf ca. 7 cm gekürzten Rundholzstab mit Holzleim oder Heißkleber im Holzkugelloch fixieren. Ca. 0,5-1 cm als Hals stehen lassen und dann den Holzstab mit Heißkleber im auf dem Kopf stehenden Tontopf fixieren. Das geht gut an der Tontopföffnung. Den Stab nach gewünschter Kopfneigung ausrichten. Für Arme und Beine an jedes Ende einer 12 cm langen Paketschnur eine Holzperle knoten. Die Beine unten mittig im Tontopf fixieren, die Arme zwischen Kopf und Tontopf knoten.

3 Die Haare aufkleben (beim Mädchen Zöpfe flechten und mit kurzen Bastfäden die Stirnfransen aufkleben). Für die Haarschleife beim Mädchen mittig ein kleines Filzrechteck mit Draht abbinden und aufkleben. Für den Jungen einen Papierhut falten und aufsetzen. Der jeweiligen Figur den Filzschal umbinden und die Schale damit dekorieren.

Richtig gemütlich wird es, wenn Sie die Schale mit etwas selbst gesammeltem Kies und Muscheln füllen und eine farblich passende Kerze hineinstellen.

Bunte Tulpen

→ vielseitige Dekoration

Serviettenständer

1 Für den Boden das 1 cm starke Sperrholzstück grün bemalen. Sechs Tulpen aus dem 4 mm dicken Sperrholz aussägen und glatt schleifen.

2 Jeweils drei Tulpen flächig mit Holzleim zusammenkleben und wie abgebildet bemalen. Nach dem Trocknen v. a. an den Rändern nochmals abschleifen, bis das Holz durchscheint.

3 Die zwei „Tulpenpakete" einander gegenüber auf die Bodenplatte kleben – fertig ist der Serviettenständer.

Freistehende Tulpen

1 Die Tulpen aus dem Naturholz aussägen, glatt schleifen und wie abgebildet bemalen. Die einzelnen Farbschichten gut trocknen lassen.

2 Mit Schleifpapier nochmals über das ganze Motiv gehen und an den Kanten die Farbe ganz abschleifen.

Querkette

1 Drei Tulpen aussägen und die Löcher bohren. Glatt schleifen und wie abgebildet bemalen. Zwischendurch die einzelnen Farbschichten gut trocknen lassen.

2 Die fertige Fläche anschleifen, dabei die Kanten besonders stark bearbeiten.

3 Zwei je 20 cm lange Drahtstücke um einen Stift zu Spiralen wickeln, Perlen auffädeln und die Tulpen damit aneinanderdrahten. Zum Aufhängen außen ebenfalls zu Spiralen gewundene Drahtstücke in beliebiger Länge und die beiden großen Holzperlen anbringen.

4 Zuletzt mit Heißkleber die fertig gebundenen Schleifen aufkleben.

MATERIAL
SERVIETTENSTÄNDER
- Sperrholz, 1 cm stark, 6 cm x 12 cm
- Sperrholz, 4 mm stark, 30 cm x 35 cm
- Acrylfarbe in Grün und Flieder

FREISTEHENDE TULPEN
- Naturholz, 1,8 cm stark, 30 cm x 35 cm
- Acrylfarbe in Terrakotta und Grün

QUERKETTE
- Sperrholz, 4 mm stark, 25 cm x 35 cm
- Acrylfarbe in Grün und Blau
- Schleifenband in Hellblau-Dunkelblau kariert, 1,5 cm breit, 3 x 30 cm lang
- 4 Holzperlen in Hellblau, ø 1 cm
- 2 Holzperlen in Mittelblau, ø 1,2 cm
- Wickeldraht, ø 0,5 mm
- Bohrer, ø 3 mm

VORLAGE SEITE 235

Gartenwächter

→ passt gut auf

MATERIAL

- Sperrholz, 1 cm stark, 20 cm x 12 cm
- Sperrholz, 6 mm stark, 13 cm x 7 cm
- Acrylfarbe in Gelb, Friesenblau, Orange und Schwarz
- Draht, ø 0,65 mm und 0,35 mm

- Ringschraube, ø 2,8 mm, 16 mm x 6 mm
- Vogelhäuschen aus Pappmaché, ca. 8 cm hoch
- Knopf, ø ca. 1,5 cm
- Laternenstab, ca. 1 m lang
- Holzbohrer, ø 1 mm

VORLAGE SEITE 235

1 Den Vogel aus dem dickeren, die Flügel aus dem dünneren Sperrholz aussägen. Das Loch für die Aufhängung bohren.

2 Alles wie abgebildet bemalen, die Kanten zusätzlich schwarz betonen.

3 Nach dem Trocknen die Flügel mit Heißkleber fixieren. Den Knopf mit dünnem Draht verzieren, ebenfalls ankleben.

4 Die Ringschraube unten ins Holz hineindrehen, das bemalte Vogelhäuschen daran mit Draht befestigen. Aus dem stärkeren Draht die Aufhängung formen und anbringen. Die Kette an den Laternenstab hängen.

Im Winter können Sie den Vogel an einen Zweig hängen und an der Ringschraube einen Meisenknödel oder Futterring befestigen.

Willkommensgruß

→ Wer schaut denn da aus dem Häuschen?

1 Die Kiefernleisten zusägen und die Kanten abschleifen. Damit das Motiv in den Rasen oder ein Beet gesteckt werden kann, das Ende des Grundstabes mit der Stichsäge oder einem Fuchsschwanz spitz zusägen (siehe Skizze unten links). Dann die Holzteile und den Grundstab mit Acrylfarbe bemalen.

2 Nach dem Trocknen die Nistlöcher und die Sitzstangen anzeichnen, die Löcher (ø 4 mm) bohren und die bemalten Hölzchen einkleben.

3 Den Grundstab mittig unter den Sockel schrauben: Den Grundstab im rechten Winkel auf den Sockel stellen, auf gleichmäßige Abstände zum Rand achten (siehe Skizze unten rechts). Mit dem Bleistift einen Punkt mittig der Brettbreite markieren. Mit der Bohrmaschine die Löcher vorbohren, darauf achten, dass der Bohrer etwa ein Drittel kleiner als die Schraubenstärke ist. Den Sockel umdrehen, von der Unterseite die Bohrlöcher mit einem Senker anfasen, damit die Schraubköpfe später nicht überstehen. In die Oberseite des Grundstabes entsprechende Löcher bohren und anschließend Sockel und Stab zusammenschrauben (ein Akkuschrauber ist hier sehr hilfreich). Zum besseren Halt vorher auf der Oberseite des Stabes etwas Holzleim auftragen.

4 Die Vogelhäuschen und die Giebelleisten auf dem Tisch anordnen, wobei das mittlere Haus auf den beiden äußeren aufliegt. Die Teile mit Holzleim verbinden.

5 Nach dem Trocknen die beiden äußeren Häuser von der Sockelunterseite aus wie in Schritt 3 beschrieben auf den Sockel schrauben (Löcher vorbohren).

6 Den Schriftzug auf das Schild malen, je zwei Ringschrauben auf der Sockelunterseite und dem Schild eindrehen und das Schild mit den Ketten einhängen.

7 Für den Vogelkopf die Holzperle mit einer Zange halbieren, den Schnabel aus Karton ausschneiden, am Kopf festkleben und die Augen aufmalen.

8 Den fertigen Holzzaun, die Blüten und den Vogelkopf aufkleben. Blütenstiele, Blätter sowie die Blütenmitte mit Acrylfarbe aufmalen.

MATERIAL

- 2 Kiefernleisten, 6,4 cm x 1,8 cm, 19,5 cm lang
- Kiefernleiste, 4,7 cm x 1 cm, 15 cm lang
- Kiefernleiste, 4 cm x 1 cm, 21 cm lang (Sockel)
- je 2 Kiefernleisten, 30 mm x 5 mm, 6,5 cm und 6 cm lang (Dach) und 1 x 15 cm lang (Schild)
- 2 Kiefernleisten, 12 mm x 5 mm, 7 cm lang (Dach)
- Rechteckkiefernleiste, 1 cm x 2 cm, 1 m lang
- Holzperle in Gelb, ø 1,5 cm
- Fotokartonrest in Weiß
- 2 Dübelhölzchen, ø 4 mm, 2 cm lang
- 4 Ringschrauben, ø 6 mm
- Eisenkette, ø 5 mm, 2 x 3 cm lang
- Minizaun in Weiß, 5,5 cm hoch und 10 cm lang
- Holzschrauben, 2 x ø 3 mm, 3 cm lang, und 1 x ø 3 mm, 2 cm lang
- je 1 Holzblüte in Hellblau und Hellgrün, ø 3 cm
- Acrylfarbe in Weiß, Gelb, Weinrot, Blaubeere, Orange, Lindgrün und Schwarz
- Bohrer, ø 2 mm und 4 mm
- Senker, z. B. Flachsenker

VORLAGE SEITE 236

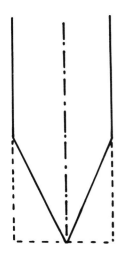
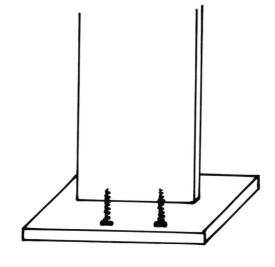

Hereinspaziert!

→ Willkommensschild für den Eingang

MATERIAL
HOME SWEET HOME
- Birkenscheibe, 1,8 cm stark, ca. 23 cm x 15 cm
- Acrylfarbe in Weiß, Elfenbein, Gelb, Olivgrün, Dunkelgrün, Mittelbraun, Dunkelbraun, Oxydrot und Schwarz
- geglühter Blumendraht, ø 0,9 mm, 30 cm lang
- Bohrer, ø 2 mm

HERZLICH WILLKOMMEN
- Birkenscheibe, 1,8 cm stark, ca. 13 cm x 15 cm
- Sperrholzrest, 4 mm stark
- Acrylfarbe in Elfenbein, Karminrot und Weinrot
- Dekovlies in Rot, 8 cm breit, ca. 25 cm lang
- geglühter Blumendraht, ø 0,9 mm, 9 cm (Herz im Schild), 20 cm (kleine Herzen) und 30 cm lang (Aufhängung)
- Bohrer, ø 1 mm und 2 mm

VORLAGE
SEITE 237

Home Sweet Home

1 Das Motiv auf die Birkenscheibe übertragen, aussägen und die Ränder glatt schleifen.

2 Die Birkenscheibe in Oxydrot grundieren und das Motiv wie abgebildet aufmalen. Den Schriftzug in Elfenbein aufbringen und mit Schwarz akzentuieren. Die Birkenscheibe lackieren.

3 Am oberen Rand zwei Löcher bohren (ø 2 mm). Den Draht um einen Pinsel zu einer Spirale winden. Die Enden durch die Löcher ziehen und verdrehen.

Verwenden Sie am besten Markensägeblätter mit feiner Verzahnung, da das Holz dann fast nicht geschliffen werden muss und die Bearbeitung viel besser und leichter geht.

Wenn Sie in dünnes Sperrholz bohren, sollten Sie von hinten immer ein Holzstück dagegenhalten oder -spannen, damit das Holz auf der Rückseite nicht ausreißt.

Herzlich willkommen

1 Das Herz auf die Birkenscheibe übertragen. Zuerst den inneren Rand aussägen. Das ausgesägte Herz an den Rändern abrunden und wie gekennzeichnet senkrecht durchbohren (ø 1 mm). An der Birkenscheibe den äußeren Rand des Herzens aussägen und die Ränder glatt schleifen.

2 Die Birkenscheibe und das Herz von oben an der gekennzeichneten Stelle durchbohren (ø 1 mm). Die kleinen Herzen auf das Sperrholz übertragen, aussägen und die Ränder abrunden.

3 Alles wie abgebildet bemalen, dann lackieren. Nach dem Trocknen den Draht in das Herz stecken und unten durch eine Spiraldrehung und mit etwas Leim fixieren. Den Draht mit dem Herzen von unten durch das Loch in der Birkenscheibe schieben und ebenfalls durch eine Spiraldrehung und mit etwas Leim fixieren. Das Herz zurechtbiegen, damit es mittig in der ausgesägten Fläche hängt.

4 Am unteren Rand der Birkenscheibe und an den kleinen Herzen wie gekennzeichnet ein 1 mm starkes Loch bohren. Etwas Draht durch die Birkenscheibe ziehen und ein Ende verdrehen. Um den Draht eine Schleife aus Dekovlies binden und mit Leim am Rand der Birkenscheibe festkleben. Den Draht um einen Pinsel ein Stück weit zur Spirale wickeln, das erste Herz auffädeln und den Draht einmal verdrehen. Den Draht weiter um den Pinsel drehen, das zweite Herz aufziehen und das Ende verdrehen.

5 Als Aufhängung am oberen Rand der Birkenscheibe zwei Löcher bohren (ø 2 mm), einen Draht durchziehen, zur Spirale drehen und die Enden verdrehen.

Windmühle

→ Hier ist ein kräftiges Lüftchen erwünscht!

MATERIAL

- Windradfolie in Violett, 0,4 mm stark, 4 x 20 cm x 8 cm (Flügel)
- Windradfolie in Grün, 0,4 mm stark, 2 x 40 cm x 30 cm (Haus)
- Klebefolie in Blau, 20 cm x 40 cm, und Schwarz, 2 cm x 120 cm
- Holzperle, ø 1,2 cm, mit Bohrung, ø 6 mm
- Holzkugel, halb gebohrt, ø 1,2 cm, mit Bohrung, ø 6 mm
- Rundholzstäbe, ø 6 mm, 1 x 8 cm und 4 x 25 cm lang
- Rundholzstab, ø 8 mm, 70 cm lang (Ständer)
- Holzleiste, 10 mm x 15 mm, 17 cm, 18 cm und 5 cm lang
- Lochscheibe, ø 4 cm, mit 4 Bohrungen, ø 6 mm, Mittelloch, ø 7 mm
- Nagel, ø 2 mm, ca. 4 cm lang
- Bohrer, ø 7 mm, 6 mm und 2 mm

VORLAGE SEITE 236

1 Für den Nagel in die Stirnseite des 70 cm langen Rundholzstabes (ø 8 mm) 3 cm tief ein Loch mit Durchmesser 2 mm bohren (siehe Markierung A auf der Vorlage). In die rechteckige, 17 cm lange Holzleiste an der Stirnseite ein Loch mit Durchmesser 6 mm im Winkel von 15° bohren (siehe Markierung B) und für den Nagel zusätzlich 3,5 cm von der Stirnseite entfernt ein Loch mit Durchmesser 2 mm bohren (siehe Markierung C).

2 Das Haus zweimal aufzeichnen und ausschneiden. Die Dachmusterung, Türen und Fenster aufkleben.

3 Die Flügel mit Heißkleber auf den 25 cm langen Holzstäben befestigen und in die Lochscheibe einsetzen. Die Flügelflächen sind leicht angestellt.

4 Den 8 cm langen Rundholzstab in der 15°-Bohrung fixieren. Zuerst die durchbohrte Holzperle als Abstandshalter aufschieben. Dann das Windrad und zuletzt die halb gebohrte Holzkugel montieren. Den Nagel durch die Bohrung in der Holzleiste schieben und von Hand in den Ständer (Bohrung) eindrücken.

5 Die Hauswände mit Heißkleber auf die Holzleisten kleben. Am Dach die beiden Folien zusammenkleben.

Flachen Sie für die Flügelbefestigung die Stäbe leicht ab. Das ergibt eine größere Klebefläche.

Der Nagel sollte sich leicht in der Holzleiste drehen. Weiten Sie die Bohrung notfalls etwas auf.

Lochscheiben aus Metall oder Kunststoff mit seitlichen Löchern erhalten Sie im gut sortierten Fachhandel (siehe Abb. links). Alternativ kaufen Sie Lochscheiben, die nur in der Mitte eine Bohrung haben, und bohren die Löcher im angegebenen Durchmesser selbst ein.

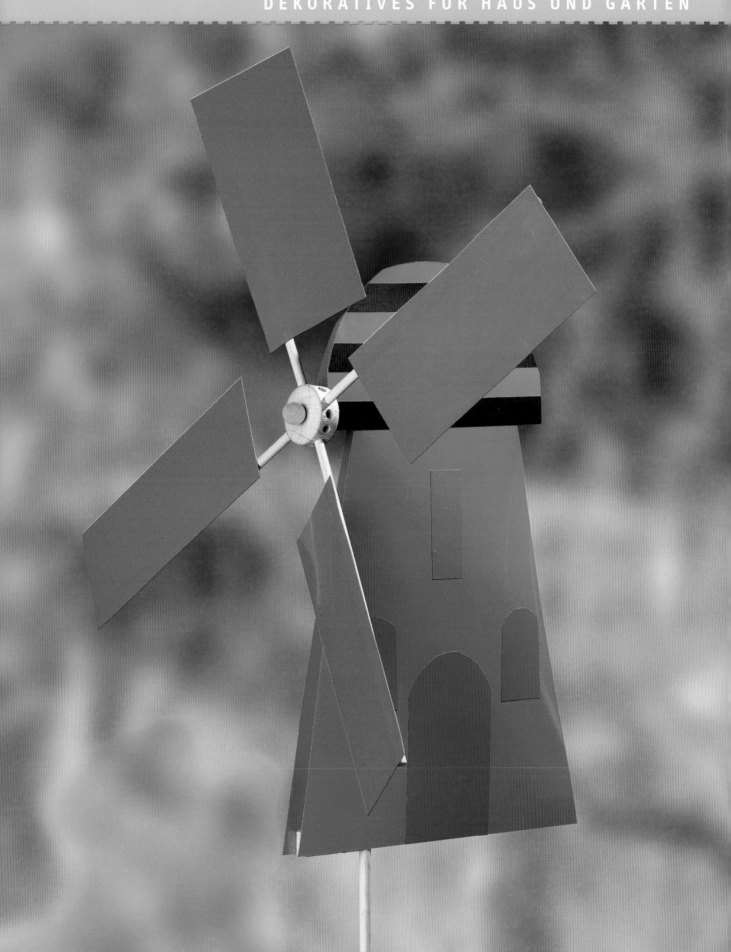

Fische am Teich

→ Was für eine Idylle!

MATERIAL
GRÖSSERER FISCH

- Moosgummi in Rosa, 2 mm stark, 20 cm x 12 cm
- Moosgummireste in Hellblau und Lila, 1 mm stark
- Windowcolor in Glimmer-Silber
- Wackelauge, ø 2 cm
- Messingstab

KLEINERER FISCH

- Moosgummi in Hellblau, 2 mm stark, 14 cm x 17 cm
- Moosgummireste in Rosa und Lila
- Windowcolor in Glimmer-Silber
- Wackelauge, ø 1,8 cm
- Messingstab

VORLAGE SEITE 254

1 Alle Einzelteile mithilfe von Kartonschablonen mit einem Cutter aus dem jeweiligen Moosgummi ausschneiden. Die Bauch-, Rücken- und Flossenteile auf der Grundform anbringen und die Fische mit Windowcolor verzieren. Die Münder mit Permanentmarker aufmalen. Gut trocknen lassen.

2 Die Wackelaugen mit Heißkleber anbringen, zuletzt den Messingstab.

3 Wenn der Stab nicht sichtbar sein soll, einfach einen zweiten Fisch deckungsgleich auf die Rückseite kleben.

Gartenschlauchhalter

→ Kühle Dusche gefällig?

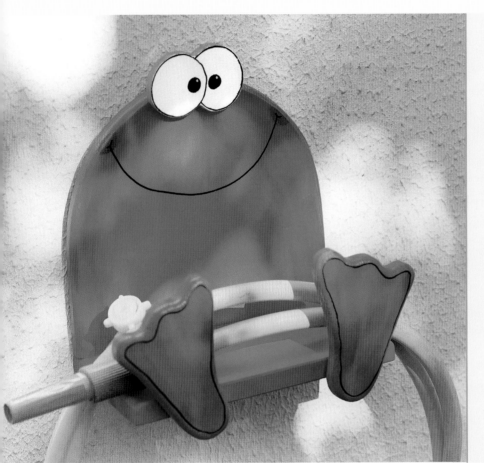

MATERIAL

- Massivholz, 1,8 cm stark, 60 cm x 35 cm
- Sperrholzrest, 1 cm stark
- 2 Holzdübel, ø 8 mm, 4 cm lang
- 4 Schrauben, ø 3,5 mm, 3,5 cm lang
- Bilderöse zum Einschrauben, 2,5 cm x 3,5 cm, inkl. 2 Schrauben, ø 3 mm, 1,6 cm lang
- Acrylfarbe in Grün, Gelb, Weiß und Rot
- Bohrer, ø 3,5 mm und 8 mm
- Schraubenzieher (Einschrauben der Bilderöse)

VORLAGE SEITE 237

1 Alle Teile gemäß Vorlage aussägen und abschleifen. Dabei den Körper und die Füße an den Rändern stark abrunden.

2 Die Einzelteile gemäß Abbildung bemalen, dabei in die grüne Farbe viel Gelb einmalen. Für die Bäckchen etwas Rot mit dem Finger in die noch nasse grüne Farbe einreiben. Den Frosch mit Permanentmarker und Lackmalstift verzieren.

3 Die Augen der Markierung entsprechend auf dem Körper festkleben. Die Löcher (ø 3,5 mm) gemäß Vorlage in die Bodenplatte bohren. Den Froschkörper von unten durch die Platte festschrauben. An der vorderen Kante der Bodenplatte (2,5 cm tief) und auf der Rückseite der Füße (1,5 cm tief; nicht durchbohren!) die Löcher für die Dübel (ø 8 mm) bohren. Die Dübel in die Bodenplatte stecken und die Füße ansetzen. Eventuell mit etwas Holzleim fixieren.

4 Die Bilderöse entsprechend der Markierung auf der Rückseite des Frosches fest anschrauben.

Im Kinderzimmer oder auch im Bad findet der freche Frosch Verwendung als kleines Regal. Befestigen Sie dann ggf. zwei Bilderösen als Aufhängung. Nett sieht es auch aus, wenn Sie kleine Kräutertöpfchen daraufstellen und den Frosch in der Küche oder auf dem Balkon aufhängen!

Kleine Schafherde

→ bewacht die Blumenwiese

MATERIAL
- Metallwanne, 21 cm x 16,5 cm x 9 cm
- Acrylfarbe in Hellgrün
- Serviettenlack
- Serviette mit Schäfchen
- 6 Glöckchen in Silber, ø 1,9 cm
- Fotokartonrest in Weiß
- Naturbast
- Schaschlikstäbchen
- Topfpflanze (z. B. Hornveilchen)
- Blumenerde

1 Alle Schaschlikstäbchen hellgrün grundieren.

2 Zwei Glöckchen auf den Bast ziehen und diesen wie abgebildet rundherum an der Metallwanne fixieren.

3 Einzelne Schafe bzw. Schafsköpfe nach Anleitung auf Seite 209 mit Serviettenlack auf den Karton kleben, nach dem Trocknen exakt ausschneiden und am Topf bzw. an den Schaschlikstäbchen befestigen.

4 Die Glöckchen mit etwas Bast an den Schaschlikstäbchen festbinden. Nach dem Bepflanzen die fertigen Schaschlikstäbchen in die Erde stecken.

Gusti, die Stockente
→ fühlt sich auch an Land zu Hause

MATERIAL

- Sperrholzrest, 6 mm stark
- Sperrholz, 1 cm stark, 30 cm x 25 cm
- Acrylfarbe in Englisch-Blau (Struktur), Mittelgelb, Blaugrün, Mittelblau, Weiß, Hellbraun und Lindgrün
- Stoffstreifen, 3 cm breit, 18 cm lang
- Bindedraht, ø 0,35 mm und 0,65 mm
- Bohrer, ø 1,5 mm

VORLAGE SEITE 236

1 Den Schnabel und den Flügel aus dünnem, die Stockente und die Bodenfläche aus dickem Sperrholz aussägen.

2 Alle Teile anmalen und die Innenlinien ergänzen.

3 Die Ente erhält eine seitliche Bohrung für die Drahtlocke. Den Schnabel und den Flügel fixieren. Eine aus dickem Bindedraht geformte Drahtlocke einkleben.

4 Das Tier auf der Bodenfläche fixieren und den Stoffstreifen ankleben. Diesen doppelt legen, kurz unter der Knickstelle mit dünnem Bindedraht umwickeln und die Drahtenden abkneifen.

Gibt es etwas, das genauso schön ist wie entspannte, kreative Stunden? Ja, das Feiern und Zusammensein mit der Familie oder Freunden und Bekannten. Ob Sie zu einem bestimmten Anlass Gäste erwarten oder einfach mal wieder gemütlich zusammensitzen wollen – mit den Dekorationsideen aus diesem Kapitel ist Ihnen Bewunderung und Wohlfühlatmosphäre gewiss!

Wir haben Gäste

Süße Entchen

→ Tischdekoration für die Taufe

MATERIAL
EINLADUNGSKARTE

◆ Lackkarton in Weiß, 11,7 cm x 41,6 cm
(Karte) und 2 x 0,5 cm x 20,8 cm (Streifen)

◆ Tonpapier in Hellblau, 2 x 2,5 cm x 20,8 cm

◆ Fotokarton in Hellblau, 8 cm x 14,5 cm

◆ Organzaband in Hellblau, 7 cm breit,
42 cm lang

◆ Satinkordel in Hellblau, ø 2 mm,
90 cm lang

◆ Motivstempel: Enten

◆ Stempelkissen in Transparent

◆ Embossingpulver in Weiß

◆ Motivanhänger

◆ Konturenschere: Wellenmuster

◆ Sprühkleber

MENÜKARTENHALTER

◆ Fotokarton in Hellblau, 10,8 cm x 39 cm
(Karte) und 6,3 cm x 14,5 cm

◆ Transparentpapier in Weiß, A4 (Menükarte)

◆ Stempelkissen in Transparent

◆ Stempel: Menü

◆ Embossingpulver in Weiß

Einladungskarte

1 Den weißen Lackkarton zuschneiden, in der Mitte zu einer Klappkarte falzen. Auf den hellblauen Fotokarton die Entchen wie auf Seite 210 beschrieben embossen. Diesen Fotokarton anschließend mittig auf der Lackkarte anbringen und wie abgebildet das Organzaband darüberlegen und auf der Vorder- und Rückseite der Karte mit Sprühkleber fixieren.

2 Aus dem Tonpapier zwei Streifen mit der Konturenschere ausschneiden und wie abgebildet auf der Karte anbringen. Die Lackkartonstreifen ebenfalls zuschneiden und mittig auf die hellblauen Tonpapierstreifen kleben.

3 Zuletzt den Motivanhänger anbringen und die Satinkordel mit einer Schleife um die Karte binden.

Menükartenhalter

1 Den hellblauen Fotokarton zuschneiden und in der Mitte wie eine Karte falzen. Nun von dem Falz 15,7 cm auf beiden Seiten abmessen und erneut nach innen falzen. Die beiden kurzen Teile miteinander fixieren. So entsteht der Boden, auf dem die Karte steht.

2 Anschließend den anderen Fotokarton zuschneiden und wie auf Seite 210 beschrieben das Wort „Menü" embossen. Die kleine Ente wurde aus dem großen Motivstempel abgetrennt und ebenfalls mit der Embossingtechnik gestempelt. Den Fotokarton nur jeweils oben und unten am Menükartenhalter befestigen. Zum Schluss das Transparentpapier mit dem Menü bedrucken, zusammenfalten und einschieben.

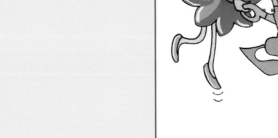

Eine große Auswahl an hübschen Motivstempeln und Stempelschriftzügen sowie Motivanhängern zum Thema Baby, Geburt und Taufe finden Sie im Bastelfachhandel.
Anstelle von Lackkarton können Sie für die Einladungskarte auch normalen weißen Fotokarton oder Karton mit Glanz- bzw. Perlmutteffekt verwenden. Das sieht ebenfalls sehr elegant aus.

Unser Baby ist da!

→ Karten in Aquarelloptik

MATERIAL
ALLE KARTEN
- ◆ Stempel: Kinderwagen
- ◆ Embossingpulver in Farblos
- ◆ Füllerpinsel

KARTE IN ORANGE
- ◆ Klappkarte in Weiß, 10,5 cm x 14,8 cm
- ◆ Transparentpapier in Orange
- ◆ Stempelkissen in Orange

KARTE IN HELLBLAU
- ◆ Tonkarton in Weiß, 220 g/m²
- ◆ Maulbeerpapier in Hellblau
- ◆ Tonkarton in Hellblau-Weiß gestreift
- ◆ Stempelkissen in Hellblau

KARTE IN PINK
- ◆ Tonkarton in Weiß, 220 g/m²
- ◆ Maulbeerpapier in Pink
- ◆ Stempelkissen in Rosa

Hallo, da bin ich

Karte in Orange

1 Die Karte an der entsprechenden Stelle stempeln und mit dem Embossingpulver versehen (siehe Seite 210). Anschließend mit der Stempelkissenfarbe und dem Füllerpinsel kolorieren.

2 Das Transparentpapier mit dem Schriftzug bedrucken; der Farbton der Schrift sollte dabei etwas dunkler als das Transparentpapier sein. Das Transparentpapier reißen, jeweils ca. 1 cm um den Kartenrücken und um die Kartenvorderseite nach innen klappen und mit doppelseitigem Klebeband fixieren.

Karte in Blau und Pink

1 Die Klappkarten selbst herstellen. Dabei einen Kartenstreifen von 21 cm x 10,5 cm auf der einen Seite bei 9 cm, auf der gegenüberliegenden Seite bei 5,8 cm falzen und die Teile zueinanderklappen.

2 Ein Kartonquadrat von 7 cm x 7 cm bestempeln und mit Embossingpulver bearbeiten (siehe Seite 210). Die fertig gestempelten Quadrate auf Maulbeerpapierstücke von 8 cm x 8 cm kleben. Die Stempel mit dem Füllerpinsel und der Stempelkissenfarbe kolorieren. Die Motive gemäß der Abbildung anbringen.

3 Bei der hellblauen Karte noch ein Stück Streifenkarton auf der kürzeren Lasche anbringen.

Willkommen, liebes Baby!

→ Karten mit Foto und Schleifenband

MATERIAL

- Klappkarte in Royalblau oder Weinrot, 12 cm x 16,8 cm
- Maulbeerpapier in Hellblau oder Pink
- Schleifenband in Blau oder Rosa mit Motiven, 2,5 cm breit, 36 cm lang
- Transparentpapier in Hellblau oder Rosa
- Babyfoto

VORLAGE SEITE 249

1 Das Transparentpapier mit dem Schriftzug bedrucken. Das Papier nach der Abbildung reißen.

2 Das gerissene Papier mit ca. 2 cm Abstand zum Kartenfalz mit doppelseitigem Klebeband aufkleben, am rechten Rand ca. 1 cm breit nach innen umknicken und ebenfalls fixieren.

3 Die Blüten nach der Vorlage zuschneiden, das Foto hinterkleben. Die Blüte nach der Abbildung auf der Karte befestigen. Das Schleifenband komplett über die Karteninnenseite kleben.

Sie können das Transparentpapier natürlich auch mit einem wasserfesten Stift von Hand beschriften.

117

Taufkerzen

→ schönes Geschenk für den Familienzuwachs

1 Von den Motiven Kartonschablonen anfertigen. Die Schablonen auf die Wachsplatten legen und mit dem Cutter umfahren. Nun die Motive vorsichtig herauslösen bzw. von der Folie abheben.

2 Die 4 mm breiten Wachsstreifen für die Zier- und Regenbogenstreifen mit Geodreieck® und Cutter von der Wachsplatte abschneiden. Sie lassen sich wie abgebildet in Form biegen. Zuerst die Streifen auf der Kerze anordnen und leicht andrücken. Beim Andrücken darauf achten, dass die Kanten der Wachsstreifen erhalten bleiben. Jetzt die Motive anbringen.

3 Zum Schluss mit dem Kerzenmalstift Name und Datum ergänzen: Dazu Name und Datum mit einem Stift, dessen Spitze etwa der Stärke des Kerzenmalstiftes entspricht, auf Transparentpapier schreiben. Darauf achten, dass die Schrift nicht zu klein und die Linien der Buchstaben und Zahlen nicht zu eng nebeneinanderstehen, weil sie sonst zusammenfließen. Das Transparentpapier auf die Kerze legen und die Buchstaben und Zahlen mit einem leergeschriebenen Kugelschreiber nachfahren. Dabei so stark aufdrücken, dass der Buchstabe erkennbar ist.

4 Die Kerze beim Beschriften mit dem Kerzenmalstift auf den Tisch legen. Die Stiftspitze sollte beim Schreiben die Kerze nicht berühren. Vorher unbedingt auf Papier o. Ä. einige Buchstaben mit dem Kerzenmalstift schreiben, damit Sie einschätzen können, wie stark Sie die Stifttube zusammendrücken und in welchem Tempo Sie schreiben müssen, sodass ein gleichmäßiges Schriftbild entsteht.

**MATERIAL
PRO KERZE**

◆ Kerze, 18 cm x 6 cm oder 20 cm x 7 cm

◆ Wachsplatten in Blau, Grün, Gelb, Orange, Rot und Silber bzw. Pink und Rosa

◆ Kerzenmalstift in Blau bzw. Rosa

◆ leergeschriebener Kugelschreiber

VORLAGE SEITE 235

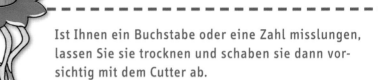

Ist Ihnen ein Buchstabe oder eine Zahl misslungen, lassen Sie sie trocknen und schaben sie dann vorsichtig mit dem Cutter ab.

Anstatt direkt auf die Kerze zu schreiben, können Sie auch ein in Farbe und Größe passendes Wachsplättchen beschriften und nach dem Trocknen auf der Kerze anbringen.

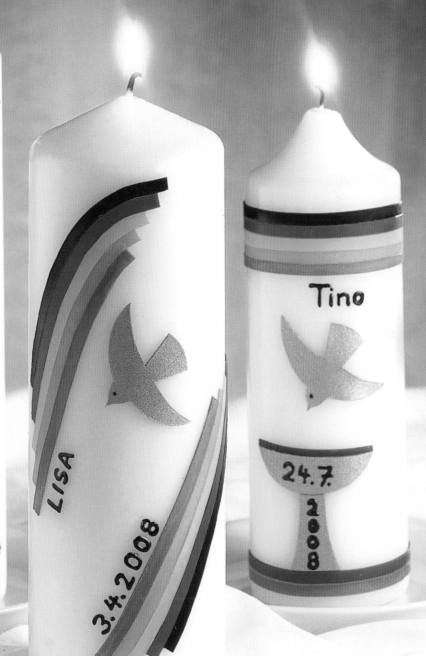

LENA

21.08.2008

LISA

3.4.2008

Tino

24.7. 2008

Zum Schulanfang
→ kunterbuntes ABC

Einladung

1 Den Heftumschlag aus gelbem Fotokarton sowie die Innenseiten aus kariertem Papier nach Vorlage ausschneiden. In der Mitte knicken und mit einem Bürohefter zu einem Schulheft zusammenheften.

2 Das beschriftete Schild mit einem Rechteck in Grün unterlegen. Das Schaschlikstäbchen auf 7 cm kürzen, die Spitze und den Stift blau bemalen und aufkleben.

Tischkarte

1 Alle gestrichelten Linien des Buntstifts knicken und an der Naht zukleben.

2 Die beigefarbene Stiftspitze zu einer Tüte drehen, an der Naht zukleben und in die Innenseite des Buntstiftes kleben. Die Spitze mit orangefarbenem Filzstift bemalen.

3 Das Krepppapier (20,5 cm x 12 cm) als Verschluss faltig einkleben. Die Tüte füllen, mit einem Band (33 cm lang) zubinden und beschriften.

Tischset und Serviettenring

Die Buchstaben des Serviettenringes aus Regenbogenfotokarton ausschneiden. Die anderen Buchstaben einzeln ausschneiden, auf das Tischset kleben und auch als Streuteile verwenden.

Trinkhalmstecker

1 Das Gesicht aufmalen und die Nase ankleben. Von einem Knicktrinkhalm ein gerades Stück (4,5 cm) abschneiden, das Gesicht mit doppelseitigem Klebeband auf dieses Halmstück kleben.

2 Das Halmstück auf der Rückseite mit einem Messer aufschlitzen und auf den Trinkhalm stecken.

Noch bunter wird es, wenn Sie den Tisch mit Schokolinsen und farbigen Glasteelichtern dekorieren.

Fröhliche Kinderparty

→ mit netten Clowns

MATERIAL
PRO CLOWN

- hoher Zapfen (Eierkarton-schachtel), 5,5 cm hoch (Hose)
- kurzer Zapfen (Eierkarton-tonschachtel), 4 cm hoch (Hemd)
- Zapfen (Palette), 1,5 cm hoch (Mütze)
- Wattekugel, ø 2,5 cm
- Chenilledraht in Gelb oder Rot, 2 x 4 cm lang
- Acrylfarbe in Weiß, Gelb, Rot, Schwarz, Hautfarbe sowie Grün oder Blau
- Tonkartonrest in Weiß, Blau sowie Rot oder Gelb und Grün
- Grasfaser in Orange
- 2 Holzperlen in Natur, ø 8 mm
- Holzperle in Rot, ø 6 mm (für Nase, mit dem Küchenmesser halbieren)
- Draht in Blau, geglüht, ø 0,7 mm, 25 cm lang

ROTER HUT

- Schälchen (Eierkartonpa-lette), 3 cm hoch
- hoher Zapfen (Eierkarton-schachtel), 3,5 cm hoch
- Marabufeder in Blau
- Pompon in Gelb, ø 1,5 cm
- Acrylfarbe in Rot und Grün
- Schaschlikstäbchen

GELBER HUT

- hoher Zapfen (Eierkar-tonschachtel), 4 cm hoch
- Chenilledraht in Grün, 11,5 cm lang
- Pompon in Rot, ø 2 cm
- je 1 Pompon in Rot und Grün, ø 7 mm
- Acrylfarbe in Gelb
- Schaschlikstäbchen

BLAUER HUT

- Schälchen (Eierkartonpa-lette), 2,5 cm hoch
- je 1 Pompon in Rot, Gelb und Grün, ø 7 mm
- Acrylfarbe in Blau
- Blumenstieldraht in Blau, geglüht, ø 0,4 mm
- Samtkordel in Rot, ø 2 mm, 24 cm lang
- Schaschlikstäbchen

VORLAGE
SEITE 256

Clown

1 Die Ränder beider Zapfen rund zu-schneiden, mit Wasser befeuchten und leicht nach außen biegen (siehe Seite 207). Die Schuhe und das Mützen-schild aus dem Deckel der Eierschachtel schneiden. Die Einzelteile wie abgebildet bemalen. Die Punkte mit der stumpfen Seite eines Schaschlikstäbchens auftupfen.

2 Das Hemd versetzt auf die Hose, die Hose auf die Schuhe, die Wattekugel als Kopf und den Mund sowie die Augen (mit dem Bürolocher herstellen) aus Tonkar-ton fixieren. Die Lichtpunkte mit weißem Lackmalstift, die Lachfalten mit Filzstift und die Bäckchen mit Buntstift aufmalen. Die Nase ankleben. Ringsum die Haare aus Grasfaser (ca. 2 cm lang) aufkleben.

3 Die Schildmütze aus dem Zapfen der Palette fertigen. Das Schild gemäß Vor-lage aus dem Deckel der Eierschachtel schneiden und befestigen. Die Mütze bemalen und auf den Kopf kleben.

4 Beidseitig die Arme anbringen und die Holzperlen als Hände aufstecken. Den Draht spiralförmig um ein Schaschlikstäb-chen wickeln, leicht auseinanderziehen, die Enden in die Perlenöffnung kleben und daran die Herzen oder die zweitei-ligen Blüten fixieren. Zuletzt die Fliege mit einem gelochten Kreis anbringen.

Roter Hut

Für den Hutrand den Boden des Schäl-chens so ausschneiden, dass der Zapfen für den Hut hineinpasst. Insgesamt hat der Rand eine Höhe von 1,3 cm. Die Ein-zelteile bemalen. Den hohen Zapfen in den Hutrand kleben. Den Hut mit dem Pompon und der Feder verzieren. Ein Schaschlikstäbchen in den Hut kleben.

Gelber Hut

Den Zapfen gerade abschneiden und gelb grundieren. Drei Pompons sowie ringsum den Chenilledraht befestigen. Ein Schaschlikstäbchen in den Hut kleben.

Blauer Hut

1 Den Rand des Schälchens mit Wasser befeuchten und leicht nach außen biegen (siehe Seite 207).

2 Nach dem Trocknen bemalen und die Samtkordel umbinden. Drei Drahtstücke à 5 cm spiralförmig um einen Zahnsto-cher wickeln und die Pompons ankleben. Mit einer Nadel ein Loch in den Hut boh-ren, die Drähte durchstecken, an der Innenseite umbiegen und festkleben.

3 Je ein Schaschlikstäbchen in ge-wünschter Länge kürzen und an die Hutinnenseite kleben.

Lachende Lilien

→ sorgen für strahlende Gesichter

1 Die Einzelteile gemäß Vorlage ausschneiden und wie abgebildet bemalen. Die Punkte mit einem Wattestäbchen bzw. einem Zahnstocher auftupfen.

2 Das Gesicht auf die Mütze kleben und die innere auf die äußere, größere Blüte. Die Staubgefäße mit Heißkleber auf der Rückseite des Kopfes befestigen und diesen dann mit Abstandsklebeband auf die Blüte setzen.

3 Für den Stecker die Blüte mit Heißkleber direkt am Holzstab fixieren.

4 Für die Strohhalmverzierung den schmalen Wellpappestreifen eng um den Strohhalm legen und das Ende festkleben. Auf den Pappstreifen die Blüte kleben.

5 Für das Glas die Wellpappe in einem Abstand von ca. 5 mm etwa 6,5 cm tief einschneiden und die Enden über einen Stift rollen. Die Pappe in einem Abstand von ca. 3,5 cm leicht einritzen, damit sie eng um das Glas gelegt werden kann. Die Enden zusammenkleben. Das Glas mit Bast umwickeln.

**MATERIAL
PRO FIGUR**

◆ Tonkartonreste in Hautfarbe sowie Gelborange und Rosa bzw. Weiß und Orange

◆ Wellpappe in Apfelgrün, 13 cm x Glasumfang (Windlicht) und 5 cm x 1 cm (Strohhalmhalter)

◆ Glas, ø 7,5 cm, 9,5 cm hoch (z. B. Whiskyglas)

◆ matte Acryl- oder Plusterfarbe in Weiß, Rosa, Orange und Hellblau

◆ Bast in Orange

◆ künstliche Staubgefäße in Rosa

◆ Holzstab, ca. 12 cm lang

VORLAGE SEITE 239

Die unteren 5 cm des Kuchensteckers nicht bemalen.

Mit einer frechen Blüte können Sie auch einen Serviettenring bekleben. Kleben Sie einen Streifen Wellpappe (20 cm x 1,5 cm) zu einem Ring und fixieren Sie darauf die Blüte.

MENÜ

EINLADUNG

LARA

Das Symbol Fisch

→ Dekoration für kirchliche Feste

Karten

1 Den Körper des Fisches aus silbernem Fotokarton ausschneiden und darauf das weiße Bauchstück und das Auge fixieren. Mit schwarzem Filzstift Auge und Mund aufmalen sowie mit dem Glitterstift die Schuppen auftragen. Trocknen lassen.

2 Für die Menükarte ein weißes A4-Blatt in der Mitte falzen. Auf die vordere Seite den hellblauen Fotokartonstreifen, darauf mit Klebestift das gemusterte Transparentpapier fixieren.

3 Den Fisch auf ein mittelblaues Papierquadrat kleben. Dieses auf ein etwas größeres Stück hellblauen Karton setzen und mit etwas Abstand mit der Konturenschere ausschneiden. In der gleichen Technik das Menüschild anfertigen. Den Schriftzug daraufkleben.

4 Für die Einladungskarte ein Rechteck aus Fotokarton ausschneiden, mit der Zirkelspitze an den gestrichelten Linien anritzen und zusammenfalten.

5 Wieder auffalten und die Fischverzierung – wie bei der Menükarte beschrieben angefertigt – einkleben. Mit dem Schriftzug ergänzen.

Serviettenschmuck

1 Einen Fisch wie bei den Karten beschrieben anfertigen und auf das Organzaband kleben.

2 Das kleine Schild wie bei der Menükarte beschrieben anfertigen und ein Loch einstanzen. Mit dem Satinband an das Organzaband knoten.

Windlicht

Die Transparentpapierform zuschneiden, den oberen Rand mit der Konturenschere. Dann falten und an der Klebekante zusammenfügen. Das Windlichtglas einsetzen.

MATERIAL
PRO MENÜ- BZW. EINLADUNGSKARTE

- Fotokarton in Weiß, A4
- Fotokartonreste in Weiß, Mittelblau, Silber und Hellblau
- Transparentpapier mit Orientmuster in Hellblau, A4
- Glitterstift in Silber
- Konturenschere: Wellenmuster
- selbstklebende Schrift in Silber (Alphabet), 1 cm hoch

SERVIETTENSCHMUCK

- Fotokartonreste in Weiß, Mittelblau und Silber
- selbstklebende Schrift in Silber (Alphabet), 1 cm hoch
- Satinband in Hellblau, 6 mm breit, 40 cm lang
- Organzaband in Hellblau, 4 cm breit, 40 cm lang
- Konturenschere: Wellenmuster

PRO WINDLICHTHÜLLE

- Transparentpapier mit Orientmuster in Hellblau, A4
- Windlichtglas, ø 7 cm (oben) und 4,5 cm (unten), 6 cm hoch
- Konturenschere: Wellenmuster

VORLAGE SEITE 239

Kommunion in Flieder-Weiß

→ für Mädchen und Jungen

MATERIAL
FÜR ALLE KARTEN

- Künstlerkarton in Flieder, Gelb und Weiß
- Stempelkissen in Farblos
- Embossingpulver in Flieder
- Laternenfolie, 10 cm x 14,8 cm
- Prägestift

ZUSÄTZLICH
EINLADUNG

- Stempel „Meine Eltern und ich ..."
- Prägeplatte „Expression"
- Prägeschablone „Blume", ø 3 cm

ZUSÄTZLICH
DANKSAGUNG

- Stempel „Kelch"
- Stempel „Danke"
- Prägeschablone „Hintergrund AE 1215"

ZUSÄTZLICH
TISCHKARTE

- Stempel „Kelch"
- feiner Filzstift in Violett

ZUSÄTZLICH
ALBUM

- Laternenfolie, A4
- Foto des Kommunionkindes, 10 cm x 15 cm
- Fotoalbum, A4 quer
- evtl. feiner Filzstift in Violett

VORLAGE
SEITE 240

Einladung

1 Den Kartenzuschnitt, 14,8 cm x 18 cm, aus fliederfarbenem Karton fertigen und die kurze Seite 7,5 cm zur Mitte falten, sodass die Grundkarte das Format A6 hoch hat.

2 Die Schablone für den Bogen nach Vorlage aus Laternenfolie fertigen. Damit die Kontur auf die Vorderseite der Karte prägen und den überstehenden Rand abschneiden. In ein gelbes Kartonstück, 2,5 cm x 14,8 cm, die Kontur prägen, in die Karte kleben und entlang der Kontur ausschneiden.

3 Auf weißen Karton, 14,8 cm x 5 cm, den geblümten Hintergrund prägen und hinter den gelben Rand kleben.

4 Den Schriftzug auf weißen Karton stempeln, fliederfarben embossen (siehe Seite 210), nach Muster B, Seite 240, zuschneiden und mit fliederfarbenem Karton hinterkleben. Mittig auf die Karte kleben.

5 Die Blume prägen, ausschneiden und in der Ecke links unten platzieren.

Danksagung

Die Danksagungskarte wie die Einladung fertigen, nur mit anderen Stempeln und Muster A für das Schildchen. Auch die verwendete Prägeplatte ist eine andere, weniger aufwändige. „Danke" direkt auf die Karte stempeln und fliederfarben embossen.

Tischkarte

1 Den Kartenzuschnitt, 7,5 cm x 13,2 cm, aus fliederfarbenem Karton ausschneiden und falzen.

2 Den Kelch auf weißen Karton stempeln, fliederfarben embossen, entlang der Kontur ausschneiden und links auf der Karte platzieren.

3 Den Schriftzug auf gelben Karton schreiben und nach Muster A, Seite 240, zuschneiden. Mit weißem Karton hinterkleben und auf der Tischkarte fixieren.

Album

1 Das Deckblatt in Flieder in der Größe des Albums fertigen, hier also A4.

2 Den Zuschnitt in Weiß, 21 cm (Höhe des Albums) x 6,7 cm mit der selbst gefertigten Schablone aus Laternenfolie prägen. Entlang der Längslinien Wellenlinien prägen und entlang dieser Linien ausschneiden.

3 Das Foto auf gelben Karton, 10,6 cm x 15,6 cm, kleben. In den Rand eine gerade Kontur prägen. Das Foto auf dem Deckblatt fixieren.

4 Nach Belieben weitere Motive ins Deckblatt sowie einen Rahmen in Form einer Wellenlinie prägen.

5 Mit dem PC oder von Hand Name und Anlass auf weißen Karton schreiben, nach Muster A, Seite 240, ausschneiden und gelb hinterkleben. Das Schild und den geprägten weißen Karton auf dem Deckblatt fixieren.

6 Zum Schluss das Deckblatt auf das Album kleben.

Chanels Kommunion

Trendig in Pink-Grün

→ Konfirmations-Dekoration

MATERIAL
EINLADUNGSKARTE

- Fotokarton in Hellgrün, 15 cm x 30 cm
- Tonpapier in Altrosa, 13 cm x 13,5 cm
- Tonpapier in Pink, 13 cm x 12 cm
- Bastelfilz in Hellgrün, 45 cm x 10 cm
- Bastelfilz in Pink, 8 cm x 8 cm
- Organzaband in Weiß, 3,5 cm breit, 15 cm lang
- beidseitig klebender Sticker „Einladung zu meiner Konfirmation"
- Rub-Off Folie in Silber

MENÜKARTE
alles wie Einladungskarte außer:

- Tonpapier in Altrosa, 12,5 cm x 12,5 cm
- Tonpapier in Pink, 11,5 cm x 11,5 cm
- bedruckbares Transparentpapier in Hellgrün, A4
- Organzaband in Weiß, 3,5 cm breit, 13 cm lang
- 3 beidseitig klebende Sticker „Menü"
- hohes Glas

TISCHKARTEN-HALTER

- Tonpapier in Altrosa und Pink, 8 cm x 5 cm
- Bastelfilz in Hellgrün, 10 cm x 10 cm
- Bastelfilz in Pink, 8 cm x 8 cm
- Kartenhalter mit Metallclip in Silber, 15 cm hoch
- lufttrocknende, extraleichte Modelliermasse in Weiß, 30 g
- spitzes Messer
- Acrylfarbe in Hellgrün
- feiner Lackmalstift in Silber

ORGANZABEUTEL

- Organzabeutel in Pink, 11 cm x 9 cm
- Bastelfilz in Hellgrün, 1 cm breit, 20 cm lang
- Bastelfilz in Pink und Grün, 5 cm x 5 cm
- Tonpapierreste in Altrosa und Hellgrün
- feiner Lackmalstift in Silber

VORLAGE
SEITE 240

Einladungskarte

1 Den Fotokarton und die Tonpapiere zuschneiden und die Karte in der Mitte falzen. Nun das pinkfarbene Tonpapier auf das altrosafarbene Papier kleben, sodass ein gleichmäßiger Rand entsteht, und beide auf die hellgrüne Karte kleben.

2 Den beidseitig klebenden Schriftzug in der Mitte der Karte aufkleben und die Rub-Off Folie so auflegen, dass die silberfarbene Seite nach oben zeigt. Leicht andrücken und abziehen. Sollte der Schriftzug noch nicht vollständig bedeckt sein, diesen Vorgang wiederholen. Das Organzaband über den Schriftzug legen und an beiden Seiten vorsichtig festkleben.

3 Aus dem Filz ein Band von 45 cm x 1 cm schneiden. Die Blüten und das Blatt nach Vorlage anfertigen. Das Band nun um die Karte herumlegen und durch die Schlitze in der Blüte ziehen. Das Blatt einschneiden und etwas überlappend zusammenkleben, sodass eine schöne Blattoptik entsteht. Das Blatt unterhalb des Filzbandes am unteren Rand des Organzabandes auf die Karte kleben.

Menükarte

1 Das Tonpapier in Altrosa und das pinkfarbene Tonpapier zuschneiden. Beide Papiere aufeinanderkleben und den Schriftzug und das Organzaband wie bei der Einladungskarte beschrieben anbringen.

2 Das grüne Transparentpapier mit der Menüfolge bedrucken oder beschriften, zusammenrollen und in das Glas stecken. Das Tonpapier mit dem Schriftzug zwischen Glas und Transparentpapier stecken.

3 Die Filzteile wie bei der Einladungskarte beschrieben anfertigen, jedoch um das Glas herum anordnen. Dazu das Filzband mit etwas doppelseitigem Klebeband am Glas befestigen und das Blatt am Band festkleben.

Tischkartenhalter

1 Das Blatt aus der Modelliermasse nach Vorlage ca. 2 cm hoch formen und die Oberfläche mit angefeuchteten Fingern etwas glätten. Mit dem spitzen Messer eine Blattmittellinie und einige Blattadern einritzen und mit dem Kartenhalter mittig ein Loch stechen. Vollständig austrocknen lassen und danach mit Acrylfarbe bemalen.

2 Die Filzblüten ausschneiden. Die Blütenmitte in Pink aufkleben. Nun die Blätter aus Tonpapier ausschneiden, aufeinanderkleben und mit dem silbernen Stift beschriften.

3 Zuletzt den Metallclip mit einer Heißklebepistole in das vorbereitete Loch des modellierten Blattes einkleben. Mit dem Clip die Blüten und die Blätter einklemmen.

Organzabeutel

1 Das Filzband (1 cm x 20 cm) zuschneiden. Die kleinen Filzblüten nach Vorlage ausschneiden und die Blütenmitten aufkleben.

2 Zwei kleine Blätter aus Tonpapier nach Vorlage ausschneiden, lochen, beschriften und auf das grüne Filzband aufziehen.

3 Die kleinen Blüten auf die Satinbänder am Säckchen kleben und das Filzband nach dem Befüllen um das Säckchen binden.

Es sieht sehr dekorativ aus, wenn Sie die kleinen Organzabeutelchen mit weißen kandierten Mandeln und etwas Organzabandresten oder Tüll befüllen.

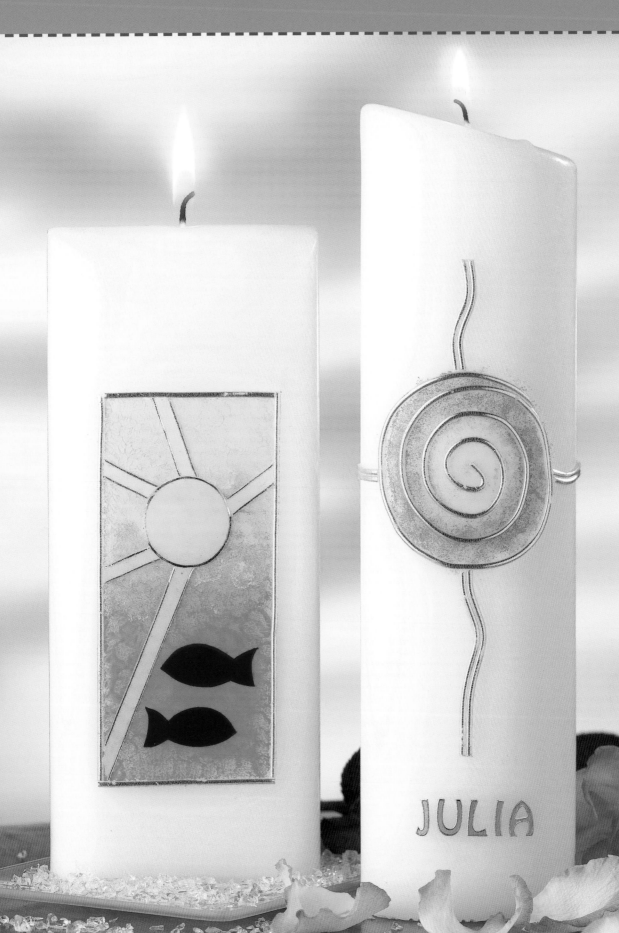

Zur Kommunion und Konfirmation

→ stilvolle Kerzen

Sonne und Fische

1 Mithilfe von Bleistift und Lineal ein 5,5 cm breites und 12 cm langes Rechteck auf die Kerze zeichnen. Danach um die Randlinie Klebeband fixieren.

2 Mit einem Schwämmchen die Acrylfarbe im Farbverlauf auftragen: Dazu die Acrylfarbe zum gleichen Teil mit Kerzenmalmedium mischen und eine kleine Menge verdünnte Farbe auf eine Folie auftragen. Die Farbe mit einem kleinen angefeuchteten Spülschwämmchen aufnehmen und auf die gewünschte Stelle auftupfen. Nach dem Trocknen kann der Vorgang mit einer weiteren Farbe wiederholt werden. Dabei immer mit der hellsten Farbe beginnen. Nach dem Trocknen das Klebeband entfernen und die Ränder mit den runden Zierstreifen einfassen.

3 Aus der hellgelben Wachsplatte für die Sonne einen Kreis und für die Strahlen zwei 5 mm breite und 20 cm lange Wachsstreifen ausschneiden. Aus den Streifen die Strahlen entsprechend der Vorlage zurechtschneiden, auf der Kerze platzieren und mit den flachen Wachszierstreifen einfassen.

4 Die Fische ausschneiden und positionieren.

Lebensweg

1 Für den Kreis eine Negativschablone fertigen und auf der Kerze fixieren. Mit einem Schwämmchen die mit Kerzenmalmedium verdünnte Acrylfarbe auftragen (siehe Anleitung „Sonne und Fische").

2 Den Wachszierstreifen von der Mitte beginnend spiralförmig nach außen legen.

3 Die Kreuzenden mit jeweils einem doppelten Wachszierstreifen wellenförmig gemäß Abbildung legen.

Es genügt, die ausgeschnittenen Wachsplattenmotive mit Handwärme auf der Kerze anzubringen. Achten Sie aber unbedingt auf eine ausgewogene Raumtemperatur, denn bei Kälte haftet das Wachs nicht auf der Kerze und bei zuviel Wärme klebt es an den Händen.

Entfernen Sie das Schutzpapier auf der Rückseite jeder Wachsplatte erst nach dem Ausschneiden der Motive.

Trennen Sie schmale Wachsstreifen zunächst paarweise ab und trennen Sie sie dann in einzelne Schnüre, um eine Überdehnung zu verhindern.

MATERIAL SONNE UND FISCHE

- rechteckige Kerze in Weiß, 8,5 cm breit, 20 cm hoch
- Wachsplatten in Blau und Gelb
- 2 runde Wachszierstreifen in Gold, 2 mm breit
- 2 flache Wachszierstreifen in Gold, 2 mm breit
- Acrylfarbe in Gelb und Orange
- Kerzenmalmedium

LEBENSWEG

- runde Kerze in Weiß, ø 6 cm, 25 cm lang
- Acrylfarbe in Orange und Gelb
- Kerzenmalmedium
- 6 runde Wachszierstreifen in Gold, 2 mm breit

VORLAGE SEITE 255

Hochzeit in zartem Hellblau

→ sehr edel

MATERIAL
TISCHKARTE

- Tischkarte in Hellblau, 8 cm x 10,5 cm
- Transparentpapier in Hellblau mit Ranken, 8 cm x 10,5 cm
- extrastarkes doppelseitiges Klebeband, 6 mm breit
- Glitter in Silber
- Strassblume in Blau, ø 1,2 cm
- Spiegelkarton in Silber, 4 cm x 3,5 cm
- Fotokarton in Weiß, 4 cm x 2 cm
- Lackmalstift in Silber

PRO WINDLICHT

- Transparentpapier in Hellblau mit Ranken, 35 cm x 20 cm
- Organzaband in Weiß, 4 cm breit, 50 cm lang
- Perlendrahtkordel in Hellblau, ø 1 mm, 45 cm lang
- Strassblume in Transparent oder Blau, ø 1,2 cm
- Glas, ø 7 cm, max. 7,5 cm hoch
- Falzbein
- Teelicht

STREICHHOLZSCHACHTEL

- Streichholzschachtel
- Fotokarton in Hellblau, 4,5 cm x 6 cm
- Transparentpapier in Hellblau mit Ranken, 4,5 cm x 6 cm
- extrastarkes doppelseitiges Klebeband, 6 mm breit
- Glitter in Silber
- Organzaband in Weiß, 2,5 cm breit, 20 cm lang
- Strassblume in Blau, ø 1,2 cm

Tischkarte

1 Das Transparentpapier mittig falten und um die Karte kleben.

2 Am unteren Rand das Klebeband anbringen und mit Glitter bestreuen.

3 Den Fotokarton beschriften und zusammen mit dem Spiegelkarton auf die Tischkarte kleben.

4 Die Strassblume aufkleben.

Windlicht

1 Mithilfe der Vorlage das Transparentpapier ausschneiden, knicken und an den Klebestellen zusammenkleben.

2 Das Organzaband und die Perlendrahtkordel um das Windlicht binden.

3 Die Strassblume aufkleben.

Streichholzschachtel

1 Zuerst den Fotokarton, dann das Transparentpapier auf die Streichholzschachtel kleben.

2 Einen Streifen Klebeband aufkleben und mit Glitter bestreuen.

3 Aus dem Organzaband eine Schleife binden und auf die Schachtel kleben. Auf die Schleife die Strassblume kleben.

Einladungs- und Menükarte

1 Die Einladungs- und Menükarte werden bis auf Farbe und Position der Blumen sowie den entsprechenden Stempeln gleich gefertigt.

2 Das Transparentpapier mittig auf die Klappkarte kleben. Jeweils einen Streifen extrastarkes doppelseitiges Klebeband rechts und links anbringen. Das Klebeband mit Glitter bestreuen und die Strassblumen nach Abbildung aufkleben.

3 Das Stempelmotiv auf den weißen Fotokarton stempeln und embossen (siehe Seite 210). Dann den Fotokarton auf den Spiegelkarton kleben und beides mittig im oberen Teil der Karte auf das Transparentpapier kleben.

4 Das Einlegeblatt beschriften, einlegen und die Perlenkordel umlegen.

EINLADUNGS-KARTE BZW. MENÜKARTE

◆ Klappkarte in Hellblau, A6 lang

◆ Transparentpapier in Hellblau mit Ranken, 18 cm x 7 cm

◆ extrastarkes doppelseitiges Klebeband, 6 mm breit

◆ Glitter in Silber

◆ 3 Strassblumen in Transparent, ø 1,2 cm (Einladungskarte)

◆ 3 Strassblumen in Blau, ø 1,2 cm (Menükarte)

◆ Stempel: „Einladung zu unserer Hochzeit" bzw. „Menü"

◆ Stempelkissen in Silber

◆ Embossingpulver in Transparent

◆ Perlendrahtkordel in Hellblau, ø 1 mm, 40 cm lang

◆ Fotokarton in Weiß, 5 cm x 4,5 cm

◆ Spiegelkarton in Silber, 5 cm x 7,5 cm

VORLAGE SEITE 241

Just married

→ Wir haben uns getraut!

Brautpaar

1 Wattekugeln und Watteei, Holzfüße, Zahnstocher sowie Markiernadeln grundieren. Die Gesichter und Haare von der Vorlage übertragen und mit Acrylfarbe nachzeichnen.

Braut

2a Den Bauch der Braut mit dem Krepppapier umwickeln und fixieren. Anschließend 9 cm Taftband darüber befestigen. Das Kräuselband in ca. 2 mm breite Streifen schneiden und kräuseln. Dann auf den Kopf kleben. Das restliche Taftband auf einer breiten Seite zusammenraffen und mit Heißkleber auf dem Kopf fixieren. Das Perlenherz darauf anbringen. Die Markiernadel als Nase einstecken. Mit dem Zahnstocher den Kopf auf dem Körper befestigen.

3a Den Aludraht in zwei Stücke à 2,5 cm für die Beine und zwei à 3 cm für die Arme schneiden. Die kürzeren Stücke hautfarben bemalen und in den Füßen fixieren. Die kleinen Wattekugeln an den Armen fixieren. Die Gliedmaßen in die vorgebohrten Löcher stecken.

Bräutigam

2b Krawatte und Hose auf die Wattekugel malen. Den Bast in 1 cm und 1,5 cm lange Stücke schneiden und auf dem Kopf fixieren, darauf den Zylinder.

3b Den Filzfrack auf der Kugel befestigen. Die Gliedmaßen wie bei der Braut anfertigen, aber aus Chenilledraht, und fixieren.

Torte

1 Die Schachteln in Weiß grundieren und die Verzierung mit Plusterfarbe aufmalen. Hierbei mehrere dünne Farbstränge neben- und übereinander auftragen. Kurz abwarten, bis die Farbe leicht angetrocknet ist, um ein Verlaufen der einzelnen Stränge zu verhindern. In die noch feuchten Farbkleckse Wachsperlen drücken. Nach Herstellerangaben aufplustern.

2 Das Tüllband mit Bast abbinden und sieben Schleifen rings um die Torte kleben (mit ca. 3,8 cm Abstand). Beide Torten aufeinanderkleben und mit Orchideen im Abstand von ca. 3,2 cm dekorieren. Das Paar auf der Torte fixieren.

MATERIAL
HOCHZEITSPAAR (PRO FIGUR)
- 3 Wattekugeln, 1 x ø 2,5 cm und 2 x ø 1 cm
- Watteei, ca. 2,8 cm x 2,2 cm
- matte Acrylfarbe in Hautfarbe, Rosé (ggf. Pastellrosa) und Weiß, Goldgelb, Hellblau, Ocker, Dunkelbraun und Schwarz
- 2 Holzfüße, ca. 2,5 cm x 2 cm
- Markiernadel, ø 6 mm
- Zahnstocher

ZUSÄTZLICH BRAUT
- Aludraht in Weiß, ø 2 mm, 11 cm lang
- Krepppapier in Weiß, ca. 9 cm x 3 cm
- Taftband in Weiß, 2,5 cm breit, ca. 16,5 cm lang
- Perlenherz, ø 1 cm
- Kräuselband in Gelb, ca. 20 cm lang

ZUSÄTZLICH BRÄUTIGAM
- Bastelfilzrest in Schwarz
- Chenilledraht in Schwarz, ca. 11 cm lang
- Filzzylinder in Schwarz, ø 3 cm
- Bastrest in Natur, ca. 40 cm lang

TORTE
- 2 Holz- oder Pappschachteln, ø 8,5 cm, 4 cm hoch, und ø 11,5 cm, 6 cm hoch
- Plusterfarbe in Weiß
- 11 künstliche Orchideenblüten in Rosa, ø 2 cm
- 11 Wachsperlen in Mint, ø 4 mm
- Tüllbandrest mit Streifen, 7 x ca. 4 cm x 2 cm
- Edelbastrest in Weiß glänzend

VORLAGE SEITE 241

Tischdekoration mit Rosen

→ leuchtet festlich

MATERIAL

**EINLADUNGS- UND
MENÜKARTE**

- Klappkarte in Apricot, A6 (Einladungs-karte)
- Klappkarte in Apricot, A6 lang (Menü-karte)
- Vlies in Orange mit Rosen, 15 cm x 21 cm (Einladungskarte) bzw. 18 cm x 23 cm (Menükarte)
- Sisal in Orange
- je 3 Diorröschen in Apricot, ø 1,2 cm
- Fransenkordel in Orange, ø 3 mm, 45 cm (Einladungskarte) bzw. 50 cm lang (Menü-karte)
- Klebeschrift in Gold: „Einladung" bzw. „Menü"

STREICHHOLZSCHACHTEL

- Streichholzschachtel
- Fotokarton in Orange, 4,5 cm x 6 cm
- Vlies in Orange mit Rosen, 4,5 cm x 6 cm
- Sisal in Orange
- 3 Diorröschen in Apricot, ø 1,2 cm

WINDLICHT

- Glas, ø 7 cm, ca. 8 cm hoch
- Vlies in Orange mit Rosen, 8 cm x 24 cm
- Sisal in Orange
- 3 Diorröschen in Apricot, ø 1,2 cm
- Serviettenlack
- Teelicht

Einladungs- und Menükarte

1 Das Vlies mit einem Klebestift um die Karte kleben.

2 Sisal, Diorröschen und Klebeschrift anbringen. Das Sisal schlaufenförmig arrangieren.

3 Die Fransenkordel um die Karte und das beschriftete Einlegeblatt legen.

Streichholzschachtel

1 Den Fotokarton als Unterlage zusammen mit dem Vlies auf die Streichholzschachtel kleben.

2 Sisal und Diorröschen ebenfalls wie abgebildet auf die Streichholzschachtel kleben.

Windlicht

1 Das Vlies mit Serviettenlack um das Glas kleben.

2 Das Sisal schlaufenförmig bündeln und mit den Röschen auf das Glas kleben.

3 Das Teelicht in das Glas stellen.

Füllen Sie das Windlicht mit etwas orangefarbenem oder rotem Dekosand und ein paar farblich passenden Glasnuggets.

Luftig-leichte Sommerdeko

→ mit süßen Bellis

MATERIAL FÜR
VIER GEDECKE

◆ Fotokarton in Flieder und Rosa, A2

◆ Tonpapier in Zartgelb, A4

◆ Tonpapier in Pink, A3

◆ Tonpapierreste in Flieder und Rosa

◆ 5 Federn in Weiß

◆ Sisal in Grün

◆ Motivlocher: Schmetterling, ca. ø 2,3 cm

◆ Steckdraht in Grün, ø 0,4 mm

VORLAGE SEITE 242

Blüten

1 Aus Tonpapier einen Streifen in Pink (1 cm x 32 cm) und einen in Gelb (3 mm x 22,5 cm) zuschneiden.

2 Die Enden beider Streifen aneinanderkleben. Den Papierstreifen in Pink fransig einschneiden (ca. 7 mm tief).

3 Mit einem Küchenmesser in die stumpfe Seite eines Schaschlikstäbchens einen Schlitz schneiden. Den Anfang des gelben Streifens waagrecht in den Schlitz stecken, alles fest aufwickeln.

4 Das Ende festkleben, die Spirale vom Stab streifen und die fransig geschnittenen Blütenblätter nach außen drücken. Den Steckdraht (ca. 4 cm lang) als Stiel in die Blütenmitte kleben. Von oben einen gelochten Fotokartonkreis einkleben.

Menükarte

1 Ein Rechteck aus Fotokarton schneiden (22 cm x 16 cm) und mittig falzen. Darauf den Halbbogen in Rosa fixieren und beschriften.

2 Die Tüte formen, die Klebenaht schließen und den Sisal einfüllen. Drei Blüten einstecken und mit Klebstoff befestigen, dann die Tüte zusammen mit einer Feder schräg an die Karte kleben.

3 Aus Tonpapier in Flieder und Rosa mit dem Motivlocher einige Schmetterlinge stanzen, die Flügel leicht nach oben knicken und laut der Abbildung anbringen.

Tischkarte

Die Tischkarte ausschneiden (siehe Vorlage Seite 242) und nach der Anleitung der Menükarte fertigen. Zuletzt die Standfläche nach hinten knicken.

Serviettenring

Auf der Fotokartonmanschette einen Streifen in Rosa fixieren. Den Ring schließen, sodass ein Ende der Manschette etwas übersteht. Zwei Bellis mit etwas Sisal und einem Schmetterling anordnen.

Den Serviettenhalter können Sie, wie auf dem Bild zu sehen, auch als dekorative Hülle für Kerzenhalter verwenden.

Einladung zum Poker

→ Wer hat wohl die besseren Karten?

MATERIAL
KERZENSTÄNDER
- 2 Rosentöpfe, ø 11 cm
- Acrylfarbe in Weiß, Schwarz und Rot
- Bast in Rot, mehrere 80 cm lange Stücke
- je 2 Federn in Rot und Schwarz, 8 cm lang
- 2 Stumpenkerzen in Rot, ø 6 cm, 11,5 cm hoch
- Knetmasserest

SERVIETTENHALTER
- 4 Tontöpfe, ø 4 cm
- 4 Mini-Tontöpfe, ø 3 cm
- Acrylfarbe in Weiß, Rot und Schwarz
- Tonkartonreste in Hautfarbe und Weiß
- je 1 Feder in Rot und Schwarz, 8 cm lang
- Paketschnur, ø 2 mm, 4 x 18 cm lang
- 8 Rohholzperlen, ø 1 cm (für Hände)
- 4 Rohholzperlen ø 8 mm (für Hälse)
- Servietten in Rot
- 4 Holzstäbchen oder Zahnstocher

VORLAGE SEITE 241

Kerzenständer

1 Die Rosentöpfe gemäß Vorlage und Abbildung bemalen.

2 Den Bast um die Töpfe binden, verknoten und die Federn einstecken.

3 Die Kerzen mit Knetmasse auf den Tontöpfen fixieren.

Serviettenhalter

1 Die Tontöpfe gemäß Vorlage und Abbildung bemalen.

2 Die Motivteile aus Tonkarton ausschneiden, zusammenkleben und bemalen.

3 Die Figuren wie folgt zusammensetzen: Zuerst den Boden des größeren Tontopfs innen ausmessen und das Holzstäbchen oder den Zahnstocher in der entsprechenden Länge zuschneiden. Die Paketschnur zuschneiden, in der Mitte zusammenlegen

und in das Loch des Tontopfs schieben. Das Stäbchen mit der Schnur mit Klebstoff im Tontopf fixieren (siehe Abb. Seite 207, links).

4 Die überstehende Paketschnur rechts und links oben außerhalb des Töpfchens als Arme hängen lassen, Perlen für die Hände auffädeln und mit Knoten sichern. Für den Fuß ein kleineres Tontöpfchen verwenden und in den Körper kleben.

5 Die Köpfe aus Tonkarton ausschneiden und zusammenfügen. Alle Gesichter mit Acrylfarbe aufmalen, feine schwarze Konturen mit einem dünnen, wasserfesten Filzstift in Schwarz nachzeichnen. Die Zahnstocher auf der Rückseite aufkleben. Nach dem Trocknen die Holzperle für den Hals aufziehen und ebenfalls mit Klebstoff fixieren. Den Öffnungsrand des Tontöpfchens mit Klebstoff bestreichen und den Kopf einsetzen.

6 Die Karten an die Köpfe kleben und nach Wunsch Servietten rollen und hindurchstecken.

Prosit Neujahr!

→ Die besten Wünsche und viel Glück!

MATERIAL FÜR VIER GEDECKE

- Fotokarton in Grün, A3
- Fotokarton in Rosa, Schwarz und Silber, A4
- Fotokarton in Dunkelgrün und Rot, A5
- Fotokartonreste in Gold und Weiß
- Effektdraht in Gold, ø 0,22 mm
- Sisal in Hellgelb
- Bastelfilzrest in Rot
- Chenilledraht in Schwarz, 4 x 17 cm und 1 x 10,5 cm lang
- 4 Zahnstocher
- Plusterstift in Weiß
- Falzbein oder Stricknadel

VORLAGE SEITE 242

Einladung

1 Für die Sektflasche ein Fotokartonrechteck mit den Maßen 21 cm x 7,5 cm zuschneiden. Die Mitte des Rechtecks mit dem Falzbein oder der Stricknadel leicht anritzen und falten. Jeweils eine Kartonschablone für die Vorder- und Rückseite der Sektflasche anfertigen. Die Schablone für die Vorderseite so auf den Fotokarton legen, dass die Knicklinie an der bereits vorhandenen Falzlinie anliegt.

2 Mit einem Bleistift die Umrisse umfahren. Anschließend die Schablone an der Knicklinie der Rückseite wieder anlegen, umfahren und das gesamte Motiv ausschneiden. Die Sektflasche seitlich knicken, das beschriftete Etikett mit goldenem Fotokarton unterlegen und aufkleben. Den Flaschenhals in Silber ebenfalls aufkleben und mit einem goldenen Dreieck verzieren.

3 Auf den zweiteiligen Pilz mit Plusterstift weiße Punkte auftupfen. Den Effektdraht (27 cm lang) mehrmals um den Flaschenhals schlingen, an den Enden das Kleeblatt und den Pilz befestigen.

Menükarte

1 Für den Körper ein Rechteck (11 cm x 10 cm) verwenden und wie die Sektflasche herstellen. Den Körper entlang der gestrichelten Linie knicken, das Ringelschwänzchen an der Innenseite fixieren und die Klauen mit Filzstift aufmalen.

2 Den Kopf gestalten, in den eingeschnittenen Mund das beschriftete Kleeblatt schieben.

3 Schnäuzchen und Kopf mit Abstandklebepads befestigen und die dreiteilige Schleife am Bauch fixieren.

Tischkarte

1 Den Körper zu einer Tüte drehen, die Kanten zukleben. Einen Zahnstocher in die Spitze des Körpers für den Hals eindrehen und fixieren.

2 Das Gesicht gestalten, die Nase aufkleben. Einige Haare aus Sisal befestigen, den Zylinder darübersetzen und den Kopf auf dem hervorschauenden Zahnstocher positionieren.

3 Ein Loch durch die Schuhe stechen, die Enden der Beine durchführen, umbiegen und auf der Unterseite festkleben. Die Beine in der Mitte knicken und in das Tüteninnere kleben.

4 Die Arme an der Rückseite fixieren und das zweiteilige Schild anbringen. Dem Filzschal (12 cm x 1 cm) fransige Enden schneiden und locker um den Hals binden.

Serviettenring und Untersetzer

Pilz und Kleeblatt wie bei der Einladung beschrieben gestalten. Mit dem Locher ausgestanzte Kreise auf dem Hufeisen festkleben. Die Kleeblätter als Untersetzer ausschneiden.

MENÜ

EINLADUNG

STEFANIE

„Die Kunst des Schenkens liegt darin, einem Menschen etwas zu geben, was er sich nicht kaufen kann", bemerkte einst der englische Schriftsteller und Journalist Alan Alexander Milne (1882-1956) trefflich. Und das muss nicht immer zu festen Anlässen sein: Das Schenken ist an jedem Tag im Jahr eine Freude – für den Beschenkten und denjenigen, der schenkt.

Schöner Schenken:
liebevolle Geschenke und Mitbringsel

Drei kleine Marienkäferchen ...

→ ... gratulieren recht herzlich

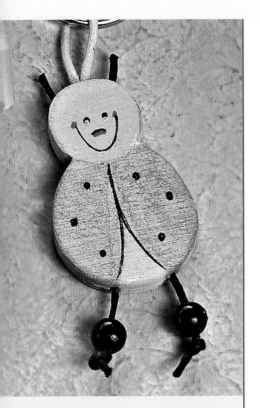

1 Die Käfer aus dem Sperrholz aussägen.

2 Die Figuren wie abgebildet anmalen und alle Innenlinien mit Permanentmarker ergänzen.

3 Die Bohrungen ausführen. Für die Beinchen und die Fühler bekommen die Käfer jeweils zwei seitliche Bohrungen. Die beiden Käfer, die mit einer Aufhängeschlaufe versehen werden, erhalten im Kopf noch eine zusätzliche größere, seitliche Bohrung.

4 Für die Beine die Baumwollkordelstücke mit einem Knoten versehen, dann die Holzperlen auffädeln, die Kordelenden in die entsprechenden Bohrungen stecken und fixieren. Die kleinen Fühler fixieren. Für die Aufhängeschlaufen die hellen Baumwollkordelstücke in die entsprechenden Bohrungen stecken.

5 Nach Belieben einen Schlüsselring-Anhänger einhängen oder eine kleine, scharlachrot bemalte Holzklammer auf der Rückseite anbringen. Mit der Holzklammer kann auch das beschriftete oder bedruckte Tonkartonherz festgeklammert werden.

Die kleinen Marienkäfer können auf verschiedene Art und Weise verwendet werden, z. B. als Schlüsselanhänger, kleine Geschenkanhänger, witziger Anhänger für eine Tasche und, und, und.

MATERIAL
(FÜR ALLE DREI KÄFER)

- Sperrholzrest, 6 mm stark
- Tonkartonrest in Rosa
- Acrylfarbe in Hautfarbe, Scharlachrot und Weiß (Augen)
- Baumwollkordel in Schwarz, ø 1 mm, 6 x 1 cm (für die Fühler) und 6 x 4 cm lang (für die Beine)
- Baumwollkordel in Natur, ø 1 mm, 4 cm (kurze Schlaufe) und 16 cm lang (lange Schlaufe)
- Schlüsselring-Anhänger, ø 2,5 cm
- 6 Holzperlen in Schwarz, ø 6 mm
- Miniholzklammer, 3 cm lang
- Bohrer, ø 1,5 mm und 2,5 mm

VORLAGE SEITE 239

Herzlichen
Glückwunsch

Witzige Geschenkklammern

→ für jede Gelegenheit

MATERIAL
FÜR ALLE KLAMMERN

- Holzwäscheklammern in Natur, 7,2 cm lang
- Tonkartonreste in verschiedenen Farben
- Acrylfarbe in verschiedenen Farben
- Draht in Schwarz, ø 1 mm
- Papierdraht in Natur, ø 2 mm, je 10 cm lang
- 2 Holzperlen in Natur, ø 9 mm (Nikolaus)
- 2 Holzperlen in Blau, ø 1,1 cm (Clown)
- Pflasterrest

VORLAGE SEITE 243

1 Die Klammern gemäß Abbildung bemalen und trocknen lassen. Die Tonkartonteile ausschneiden, gemäß Vorlage und Abbildung bemalen, gegebenenfalls zusammenfügen und auf die Klammern kleben. Die Punkte für den Marienkäfer auslochen.

2 Für Fühler und Haare den Tonkarton an den vorgegebenen Stellen durchstechen und etwas Draht durchziehen. Für Arme 10 cm Papierdraht durch die Spiralöffnung der Klammern ziehen und auf die Enden ggf. Perlen kleben.

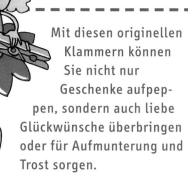

Mit diesen originellen Klammern können Sie nicht nur Geschenke aufpeppen, sondern auch liebe Glückwünsche überbringen oder für Aufmunterung und Trost sorgen.

Happy Birthday!

→ von ganzem Herzen

Torte

1 Die Dosen gemäß Abbildung bemalen und gut trocknen lassen.

2 Anschließend den Plusterstift ebenfalls wie abgebildet auftragen.

3 Nach dem Trocknen die Dosen mit Heißkleber zusammenkleben und mit weißem Lackmalstift beschriften.

Teddy

1 Die Dose bemalen und gut trocknen lassen.

2 Anschließend mit dem Cutter vier Löcher gemäß Abbildung im Deckel anbringen, in denen die zuvor um einen Stift gedrehten Drahtstücke mit Heißkleber festgeklebt werden.

3 Den Plusterstift auftragen und gut trocknen lassen.

4 Den Kopf bemalen und mit Heißkleber an den Deckel kleben.

5 Für den Kragen den Tüll doppelt legen und mit einer Nähnadel oben einen Faden in kleinen Stichen durchziehen. Den Kragen um den Kopf legen und die Enden des Fadens zusammenziehen und verknoten.

6 Dann die Ohren gemäß Vorlage zuschneiden und mit Heißkleber befestigen.

MATERIAL

TORTE
- je eine runde Spandose, ø 9 cm, 6 cm und 4 cm
- Acrylfarbe in Pink, Rosa, Flieder und Weiß
- Plusterstift in Weiß

TEDDY
- Dose in Herzform, ca. 6 cm x 5,5 cm
- Wattekugel, ø 4 cm
- Acrylfarbe in Rosa, Beige und Braun
- Bastelfilzrest in Rosa
- Tüll in Weiß, 50 cm x 3 cm
- Plusterstift in Weiß
- Papierdraht in Natur, 4 x 10 cm lang

VORLAGE SEITE 236

Das Mitbringsel wird noch persönlicher, wenn Sie zusätzlich auf Torte oder Teddy den Namen des Geburtstagskindes und das Alter schreiben.

Glücksbringer

→ kleine Schutzengel der Finanzen

**MATERIAL
PRO ENGEL**

◆ Tonkartonrest in Weiß-Rosa
   kariert (Rückseite einfarbig rosa)

◆ Tonkartonreste in Hautfarbe und
   Gelb

◆ Lackdraht in Schwarz, ø 0,4 mm

◆ ggf. Mobilefolie, 0,4 mm stark,
   12 cm x 5 cm

VORLAGE SEITE 243

1 Am Körper von hinten die
Flügel und von vorn den Kopf
ankleben.

2 Den Münzendraht von vorn
in Brusthöhe durch den Körper
ziehen und zu einer Öse biegen
(siehe Vorlage). Die Hände fixieren. Die Münzen mit Heißkleber
am Draht befestigen, den geroll-
ten Geldschein ebenfalls gemäß
Vorlage auf den Draht stecken.

3 Für den Engel im Folientäsch-
chen die Folie an der gestrichelten Linie anritzen, umklappen
und mit einer Vorstechnadel
lochen.

4 Den Engel mit dem ange-
klebten und beschrifteten Schild
dazwischenlegen und die Folien-
tasche wie abgebildet und gemäß
Vorlage mit Draht schließen. Die
Drahtaufhängung zum Schluss
mithilfe eines runden Bleistiftes
locken.

Kühlschrankmagnete

→ *ganz schön „kuhl"!*

MATERIAL

◆ Plusterstifte in Hautfarbe,
   Weiß und Mittelgelb
◆ matte Acrylfarbe in Weiß,
   Himmelblau, Maigrün, Orange,
   Flieder und Rosé
◆ 3 Magnete, ø 1,4 cm
◆ Glasplatte

VORLAGE SEITE 244

Hübsch sehen auch
kleine Blümchen,
Kühe oder ein Glöckchen
aus Plusterfarbe aus, die
sich ebenfalls mit einem
Magneten versehen lassen
oder sich so als Verzierung
eignen.

1 Die Vorlage unter die Glasplatte legen und das Motiv mit Plusterfarbe nachmalen. Dabei zwischen den einzelnen Schritten warten, bis die Farbe leicht angetrocknet ist, damit die Farben und Formen nicht ineinanderlaufen. Das heißt z. B. zuerst den Kopf malen und erst dann die andersfarbigen Hörner ansetzen etc. Achtung, die Motive werden im Ofen zwar größer, aber nicht plastischer, als sie gemalt wurden! Für eine kleine Halbkugel beim Malen den Stift in die Mitte des Kreises setzen und unter gleichmäßigem Druck langsam eine Kugel entstehen lassen.

2 Nach dem Trocknen die Motive vorsichtig von der Glasplatte abziehen und bei ca. 160° C im Ofen ungefähr zwei Minuten aufplustern (siehe Herstellerangaben). Am besten ist es, das Aufplustern zu verfolgen und die Modelle herauszunehmen, wenn die Plusterfarbe matt und reliefartig erscheint.

3 Anschließend mit Acrylfarbe die Augen und Muster auf die Plusterstiftmodelle malen und sie mit Heißkleber auf die Magnete kleben.

Niedliche Mäuse

→ nicht nur lieb, sondern auch wertvoll

MATERIAL
FALTKARTE

- Fotokarton in Weiß, 32,5 cm x 7 cm (für 5 Mäuse)
- Fotokartonrest in Grau
- Acrylfarbe in Weiß
- 20 Klebepads, 5 mm x 5 mm (für 5 Mäuse)
- geglühter Blumendraht, ø 0,35 mm, 10 x 5 cm lang (Barthaare)
- Abacafaser in Schwarz, 3 cm lang
- Rundholzstäbchen, ø 3 mm bis 4 mm

PRO MÄUSCHEN

- Tonpapierreste in Grau und Weiß
- Langhaarplüschrest in Schwarz
- Chenilledraht in Schwarz, 20 cm lang
- 2 Klebepunkte in Weiß, ø 8 mm
- evtl. geglühter Draht, ø 0,35 mm, 10 cm lang
- UHU tac patafix

VORLAGE SEITE 244

Faltkarte

1 Die Faltkarte ist in der Länge beliebig erweiterbar; dazu die Kartenschablone an ein Ende des 7 cm breiten weißen Kartonstreifens legen, nach 6,5 cm senkrecht anritzen, nach weiteren 6,5 cm erneut anritzen etc. An den Ritzkanten abwechselnd nach vorn und hinten falten. Die Kartenschablone auflegen und mit dem Cutter jeweils zwei schräge Einschnitte pro Maus machen.

2 Die entsprechende Anzahl Mäuseköpfchen und -beinchen ausschneiden. Am Kopf die Ohrinnenflächen weiß ausmalen. Die Augen mit dem Rundholzstäbchen auftupfen. Die Nase schwarz anmalen und Pupillen und Augenbrauen ergänzen. Mit der Vorstechnadel die Löcher für die Barthaare einstechen. Die Drahtbarthaare durchziehen und das Abacafaserbüschel am Hinterkopf befestigen.

3 Die auf eine Breite von ca. 3 cm gefalteten Scheine einfädeln. Arme und Füße mit Alleskleber, den Kopf mit Klebekissen auf der Karte befestigen; dabei darauf achten, dass kein Kleber auf die Geldscheine kommt.

Mäuschen

1 Die Motivteile ausschneiden. Am Kopfteil die beiden Klebepunkte als Augen anbringen und die Pupillen und die Nase aufmalen. Die Ohrinnenflächen aus weißem Papier ergänzen. Das Kopfteil zu einer Tüte kleben (Klebefläche gepunktet). Den Kopf an der Unterseite zweimal ca. 1,5 cm tief einschneiden.

2 Aus der Langhaarplüschrückseite ein 1 cm x 1 cm großes Stück zuschneiden, dabei die Scherenklinge unter den langen Haaren durchschieben, damit sie nicht abgetrennt werden. Zwischen die Ohren kleben.

3 Den Geldschein an der Oberseite 2 cm umschlagen und zu einer Röhre zusammenschieben. Auf den Geldscheinrumpf den Kopf mittels der Einschnitte aufstecken. Die Beine mit UHU tac patafix an der Unterseite befestigen. Den Schwanz aus Chenilledraht an einem Ende nach 2 cm eng zurückbiegen, von vorn durch den Röhrenrumpf schieben und unten am vorderen Rand zwischen den Vorderpfoten einhängen. Evtl. mit Draht das Schild befestigen.

Anstelle der weißen Ohrinnenflächen können Sie auch Cent-Münzen in passender Größe aufkleben. Auf eine Käseschachtel oder ein Stück eingeschweißten Käse geklebt, fühlen sich die wertvollen Mäuschen besonders wohl!

Frosch & Blümchen

→ Kleines Ständchen gefällig?

MATERIAL
FROSCH

- Glas, ø 7 cm (Deckel), 11 cm hoch
- Styroporkugel, ø 8 cm
- Strukturpaste in Weiß
- Acrylfarbe in Maigrün, Purpurrosa, Weiß und Schwarz
- Regenbogenfotokartonreste in Lila- und Grünverlauf
- Fotokartonrest in Weiß
- Bastelfilz in Pink, 5 cm x 8 cm und 1 cm x 6 cm
- Chenilledraht in Hellgrün, 20 cm lang
- Transparentpapier in Grün-Gelb gestreift (Einleger)

BLÜMCHEN

- Glas, ø 6,7 cm (Deckel), 12 cm hoch
- Styroporkugel, ø 8 cm
- Strukturpaste in Weiß
- Acrylfarbe in Orange, Purpurrosa, Karminrot, Maigrün und Schwarz
- Fotokartonreste in Pink
- Wattekugel, ø 1,2 cm
- 2 Perlkopfnadeln, ø 5 mm (Floristikbedarf)
- Fotokarton in Hellgrün (Einleger)

VORLAGE SEITE 244

Frosch

1 Kopf und Glasdeckel mit Strukturpaste grundieren, nach dem Trocknen zusammenkleben und anmalen. Das Gesicht mit Acrylfarbe gestalten. Für die Augen mit einem Cutter Einschnitte anbringen und die mit Lackmalstift bemalten Papierteile einstecken.

2 Für die Schleife auf das Filzstück mit einem Schaschlikstäbchen Punkte malen. Nach dem Trocknen in der Mitte raffen, einen dünnen Filzstreifen herumkleben und die Ecken rund schneiden. Die Schleife an den Deckelrand kleben.

3 Chenilledraht hinter dem Kopf auf dem Deckel fixieren und die Enden zwischen je zwei Papierteile kleben. Die Gitarre zusammenkleben, beschriften und an den Händen fixieren. Die Füße unter das Glas kleben. Das zugeschnittene Transparentpapier in das Glas stecken.

Blümchen

1 Kopf und Glasdeckel mit Strukturpaste grundieren. Den Kopf orange, den Deckel grün bemalen. Die Perlkopfnadeln als Augen schwarz anmalen, die Wattekugel rosa. Einstecken bzw. aufkleben und das Gesicht gestalten.

2 Rings um das Gesicht herum die Kugel ca. 1,5 cm tief einschneiden. Die pinkfarbenen Blütenblätter einstecken und den Kopf auf den Glasdeckel kleben. Das zugeschnittene Papier als Sichtschutz einlegen.

Im Frosch kann eine Konzertkarte, ein CD-Gutschein oder etwas fürs Bad verschenkt werden. Das Blümchen kann z. B. Gutscheine für einen Blumenstrauß und Pralinen „überbringen".

Wünsch' dir was...

Wünsch' dir was ...

→ zauberhafte Geschenke

Einhorn

1 Die Wattekugeln bemalen. Die Ohren aus bemaltem Fotokarton ausschneiden.

2 Kopf und Körper mit Hilfe eines Chenilledrahtstückes von ca. 1,5 cm verbinden, dann die halbierte und auf ca. 4,5 cm gekürzte Feder am Hinterkopf und auf dem Hals fixieren. Die Ohren befestigen. Den Holzstab vorn anspitzen, mit einem feinen Pinsel oder Zahnstocher bemalen und zum Trocknen in Styropor oder Steckmasse stecken. Anschließend mit einer kleinen Holzsäge auf 1,5 cm kürzen. Mit der Prickelnadel ein Loch in den Kopf stechen und mit einer kleinen Schere weiten. Das Horn darin mit Heißkleber fixieren.

3 Die Wattestäbchen grundieren, in der Mitte knicken und in einem großen eingebohrten Loch fixieren. Vier weitere Löcher für die Beine stechen, den Chenilledraht in vier gleich lange Stücke schneiden und in die Löcher stecken. Die Holzfüße bemalen und mit Heißkleber an die Drahtenden kleben. Vier 5 cm lange, rosafarbene Drahtstücke oberhalb der Füße um die Beine wickeln.

4 Den orangefarbenen Fotokarton mittig falzen. Die Vorlage für das Schild auf den weißen Fotokarton übertragen und Text und Rahmen mit Acrylfarbe oder Filzstiften nachzeichnen. Ein paar Stellen dünn mit Alleskleber betupfen und mit Iris-Flitter bestreuen. Das Einhorn aufkleben.

Zauberer

1 Die Wattekugeln sowie Holzfüße und -hände grundieren. Auf die größere Kugel das Gesicht malen. Mantel und Umhang aus Filz ausschneiden. Den Fotokarton ggf. lilafarben bemalen und die Hutteile ausschneiden.

2 Den Hut zusammensetzen und mit einem grünen Filzstreifen (0,5 cm x 8,5 cm) umkleben. Zuerst eine auf ca. 4 cm zurechtgestutzte Feder als Bart aufkleben, dann die kleine Wattekugel als Nase. Diese mit ein wenig Buntstiftabrieb röten. Reste der Feder als kurze Haare auf den Kopf kleben, dann den Hut mit Heißkleber fixieren. Beim Hut und den Schuhen mit einem Wattestäbchen Tupfen in Helltürkis auftragen und Flitter in die noch feuchte Farbe streuen.

3 Mit 8 cm Hohlschnur die beiden Hände verbinden und dann die Filzärmel herumkleben (mit Klebeband oder Alleskleber). Den Rest der Hohlschnur halbieren, Streichhölzer zur Stabilisierung einschieben. In die Löcher der Wattekugel stecken und fixieren, am anderen Ende die Schuhe befestigen. Das Gewand um das Watteei kleben, einen Streifen in Blaugrün (1 cm x 10 cm) aufkleben. Den Kopf mit einem Zahnstocher auf dem Körper aufstecken. Die Ärmel auf der Rückseite fixieren. Zum Schluß den Umhang anbringen und dem Zauberer den bemalten und mit Iris-Flitter verzierten Zauberstab an die Hand kleben.

4 Die Schachtel wie abgebildet mit Acrylfarbe bemalen. In das noch feuchte Türkis Iris-Flitter streuen. Den Zauberer mit Klebeband oder Heißkleber auf der Schachtel fixieren.

MATERIAL
EINHORN

◆ 2 Watteeier, 1 x 3,8 cm x 3 cm und 1 x 3,5 cm x 4,5 cm

◆ matte Acrylfarbe in Rosé, Lemon, Helltürkis, Pink, Schwarz und Weiß

◆ 4 Holzfüße, ca. 3 cm x 2,5 cm

◆ Chenilledraht in Fuchsia, 15,5 cm lang, und in Rosa, 20 cm lang

◆ Marabufeder in Türkis

◆ Holzstab, ø 4 mm, 2,5 cm lang

◆ Fotokarton in Orange, A5

◆ Fotokartonrest in Weiß

◆ Iris-Flitter

◆ Filzstifte in Hellblau und Pink

ZAUBERER

◆ 2 Wattekugeln, 1 x ø 3 cm und 1 x ø 1 cm

◆ Watteei, ca. 3,8 cm x 3 cm

◆ matte Acrylfarbe in Hautfarbe, Weiß, Dunkelbraun, Lila, Helltürkis, Maigrün und Rosé

◆ 2 Holzhände, ca. 2 cm x 1,2 cm

◆ 2 Holzfüße, ca. 3 cm x 2,5 cm

◆ Bastelfilzreste in Hellgrün, Violett und Blaugrün

◆ Moosgummihohlschnur in Lila, ø 6 mm, 17 cm lang

◆ Fotokartonrest in Weiß oder Flieder

◆ Marabufeder in Weiß

◆ Holzstab, ø 4 mm, 10 cm lang

◆ Iris-Flitter

◆ Buntstift in Rosa

◆ sechseckige Pappschachtel, ca. 7 cm x 4,5 cm

VORLAGE SEITE 245

Wachsame Begleitung

→ Heute schon in den Autospiegel geschaut?

MATERIAL

- Sperrholzrest, 6 mm stark
- 4 Rohholzperlen, ø 1,2 cm
- Acrylfarbe in Weiß und Schwarz
- Baumwollkordel in Weiß, ø 3 mm, 2 x 10 cm lang
- Baumwollfaden in Schwarz, ø 1 mm, 40 cm lang
- Bohrer, ø 1 mm und 3 mm

VORLAGE SEITE 245

1 Die Katze aussägen und die Löcher bohren. Die Ränder mit einer Feile leicht abrunden und mit Schleifpapier glätten.

2 Die Katze weiß und die Holzperlen schwarz anmalen. Das Katzengesicht mit Bleistift vorzeichnen und mit einem Filzstift nachziehen. Mit einem feinen Pinsel die schwarze Fellzeichnung aufmalen.

3 Auf die Kordelenden etwas Klebstoff geben und sie mit den Fingerspitzen zusammendrehen. Nach dem Trocknen die Kordelenden durch die Bohrungen stecken und die Holzperlen aufziehen. Die überstehenden Kordelenden abschneiden. Zum Schluss den Aufhängefaden durch die Bohrung in der Stirn ziehen.

Bärige Überraschung

→ schön verpackt

ab **7** Jahre

MATERIAL

◆ Tontopf, ø 7,5 cm,
   7,5 cm hoch
◆ Tontopf, ø 6,5 cm,
   6 cm hoch
◆ Bastelfilz in Dunkel-
   blau, 32 cm x 17 cm
◆ Bastelfilz in Hellblau,
   25 cm x 14 cm
◆ Bastelfilzrest in Braun
◆ Acrylfarbe in Rot
◆ Kordel in Hellblau,
   ø 2 mm, 55 cm lang

VORLAGE
SEITE 245

1 Die Gesichter gemäß Vorlage mit wasserfesten Stiften und Acrylfarbe auf die Töpfe aufmalen und die Wangen mit Buntstiftspänen röten. Die Ohren aus Filz zuschneiden.

2 Für den großen Teddy einen 32 cm x 14 cm großen Streifen aus dunkelblauem Filz zuschneiden. Der hellblaue Streifen des kleinen Teddys ist 25 cm x 11 cm groß. Jeweils ca. 5 cm lange Einschnitte in eine der breiten Seiten des Filzes anbringen. Den Filz von der Innenseite her mit Alleskleber in die Tontöpfe kleben.

3 Für den großen Topf einen dunkelblauen Streifen (1 cm breit, 31 cm lang, eine Seite mit der Zackenschere geschnitten) und einen hellblauen Streifen (2 cm breit, 31 cm lang) zuschneiden. Die Streifen für den kleinen Topf sind 21 cm lang.

4 Zunächst die Ohren, anschließend die Streifen gemäß Abbildung aufkleben. Die Filz-„Mützen" der Teddys werden mit 30 cm bzw. 25 cm langen Kordelstücken verschlossen.

Elegant verpackt

→ so wirkt der edle Tropfen noch feiner

MATERIAL
FLASCHE MIT FLIEGE

◆ Flasche
◆ zweifarbiges Natronpapier in Blau-Silber, Größe je nach Flasche
◆ Wellpapperest in Blau
◆ 2 Geldscheine

FLASCHE MIT KRAWATTE

◆ Flasche
◆ zweifarbiges Natronpapier in Blau-Silber, Größe je nach Flasche
◆ Wellpapperest in Blau
◆ Tonkartonrest in Rosa
◆ Organzaband in Dunkelrot, 1 cm breit, 20 cm lang
◆ 5 Geldscheine

VORLAGE SEITE 245

Flasche mit Fliege

1 Die Flaschenhöhe abmessen und 2 cm zugeben. Den Flaschenumfang an der dicksten Stelle messen und 4,5 cm zugeben. Das Natronpapier entsprechend der ermittelten Maße zuschneiden. Dann das Papier an den Längskanten 1,5 cm umschlagen. An der Oberkante von rechts und links 5 cm zur Mitte, an den Längskanten jeweils 11 cm von oben nach unten messen. Die Messpunkte markieren. Auf beiden Seiten die Punkte durch eine Faltkante verbinden und die „Kragendreiecke" umfalten.

2 Das Papier um die Flasche legen, am Boden 5 cm umschlagen und mit Klebefilm befestigen. Die Längskanten mit Klebefilmröllchen (verdeckt) fixieren. Drei Wellpappekreise mit ø 2,6 cm ausschneiden und aufkleben.

3 Einen Geldschein auf 2,5 cm Breite falten, um den in der Mitte gerafften anderen Geldschein legen und mit Klebefilm befestigen. Die fertige Fliege mit Klebefilmröllchen unterhalb des Kragens befestigen.

Flasche mit Krawatte

1 Die Flaschenhöhe abmessen und 5 cm zum Umschlagen am Flaschenboden zugeben. Den Flaschenumfang an der dicksten Stelle messen und 4,5 cm zugeben. Das Natronpapier entsprechend der ermittelten Maße zuschneiden.

2 Dann die Kragenfaltung wie links beschrieben arbeiten, die Flasche in das Papier einschlagen und einen Wellpappekreis mit ø 2,6 cm aufkleben.

3 Die Krawatte aus Tonkarton ausschneiden. Vier Scheine längs in der Mitte falten und an der Spitze beginnend jeweils mit einem Klebefilmröllchen auf der Krawatte anbringen. Die Scheine entsprechend der Krawattenform nach hinten falten und mit Klebefilm fixieren (siehe Abbildung). Den letzten Schein zweimal zur Mitte falten und die Enden des Organzabandes mit Klebefilm daran befestigen. Den Krawattenknoten anbringen und die fertige Krawatte um die Flasche binden.

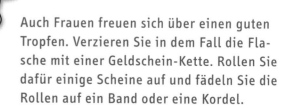

Auch Frauen freuen sich über einen guten Tropfen. Verzieren Sie in dem Fall die Flasche mit einer Geldschein-Kette. Rollen Sie dafür einige Scheine auf und fädeln Sie die Rollen auf ein Band oder eine Kordel.

Dankeschön!

→ passt immer

Glockenblumenelfe

1 Auf die grün bemalte Wäscheklammer mit einem Filzstift schwarze Punkte auftupfen.

2 Am Glockenblumenhut von hinten die Grasfaser so ankleben, dass die mittlere Blütenblattspitze frei bleibt. Die Grasfasern auf die gewünschte Länge schneiden. Kopf und Kragen von hinten ankleben. Das Gesicht aufmalen. Auf die Flügel mit dem Holzstäbchen weiße Punkte auftupfen.

3 Hände und Füße mit der Lochzange lochen. Die kurze Papierdrahtkordel durch die Klammerspirale ziehen und auf die Enden die Hände aufstecken und ankleben. Die Mitte der anderen Kordel in die große Klammeröffnung kleben. Kopf und Flügel an die Klammer kleben.

Leberblümchen

1 An der bemalten Wäscheklammer zwei Drähte zur Hälfte durch die Klammerspirale ziehen und miteinander verdrehen. Ein Ende des dritten Drahtes für das Schild an der Spiralfeder andrahten.

2 Für das Schildchen einen Bleistiftkreis (ø 3 cm) zeichnen und mit der Konturenschere ausschneiden oder eine Schablone anfertigen und mit der herkömmlichen Schere ausschneiden.

3 Die Blüte auf die Klammer kleben. Schmetterling, Blätter und Schildchen verzieren, mit der Vorstechnadel durchstechen und an den Drahtenden befestigen. Die Marienkäfer aufkleben.

MATERIAL
GLOCKENBLUMENELFE
- Wäscheklammer, 7,5 cm lang
- Acrylfarbe in Grün und Weiß
- Tonkartonreste in Blau, Grün und Hautfarbe
- Grasfaser in Gelb, 3 cm lang
- Papierdrahtkordel in Hellgrün, 7 cm und 10 cm lang
- Holzstäbchen, ø 3 mm

LEBERBLÜMCHEN
- Wäscheklammer, 4,5 cm lang
- Acrylfarbe in Grün
- Tonkartonreste in Grün, Blau, Gelb und Weiß
- geglühter Blumendraht, ø 0,35 mm, 3 x 20 cm lang
- 3 Mini-Marienkäfer, ø 1,2 cm
- ggf. Konturenschere: Wellenmuster (Schild)

VORLAGE SEITE 245

Die beiden lustigen Klammern machen sich besonders gut an Blumensträußen und Pflanzenstöcken.

Herzlichen Glückwunsch!

→ Grüße auf Mini-Keilrahmen

MATERIAL

- Mini-Keilrahmen,
  10 cm x 10 cm
- lufttrocknende Modelliermasse in Weiß,
  extraleicht
- Reliefsticker in Silber:
  „Herzlichen Glück-
  wunsch"
- Stempel: Schmetterling,
  ca. 7 cm x 5,5 cm
- Stempelfarbe in Lila
- Acrylfarbe in Krokus und
  Antikblau
- kleiner Schwamm (zum
  Tupfen)
- 8 Abstandsklebepads
  oder Montageband

1 Die Modelliermasse 2–3 mm stark auf ca. 10 cm x 10 cm auswellen und trocknen lassen. Den Schmetterling aufstempeln und die Konturen mit einer Schere ausschneiden.

2 Den Mini-Keilrahmen in Krokus rundum bemalen. Nach dem Trocknen wässriges Antikblau mit dem Schwamm flächig auftupfen. Darauf achten, dass ringsum ein unregelmäßiger Rand von ca. 5 mm bis 2 cm bleibt.

3 Die Schriftsticker versetzt und teilweise mit angeschnittenen Wörtern aufkleben. Unten und oben sollte ein Rand von ca. 1 cm ausgespart bleiben. Zuletzt den Schmetterling mit vier doppelt aufeinandergesetzten Pads mittig aufkleben.

Geburtstagsbärchen

→ strahlen zum Festtag

1 Für die Bärenschnauze eine Styroporkugel (ø 3 cm) halbieren. Pro Bärchen eine Styroporkugel (ø 6 cm), eine Styroporkugel (ø 5 cm) und 4 ½ Kugeln (ø 3 cm) sowie je eine Wattekugel (ø 2 cm, Schwänzchen) jeweils in Gelb und Limone bemalen. Die Schnauzenhälfte innen etwas aushöhlen und an der Kopfkugel anbringen. Die Glashalbperlen als Augen und Nase aufkleben und das Gesicht mit einem wasserfesten Filzstift in Schwarz aufmalen.

2 Den Kopf mit einem Zahnstocher so in die Körperkugel stecken, dass noch ein ca. 1 cm langes Stück als Hals zu sehen ist. Die Aludrahtstücke um einen dicken Stift zur Spirale drehen, auf eine Länge von 6 cm ziehen und als Arme und Beine einstecken. Auf die Enden die Hand- und Fußkugeln (ø 3 cm) setzen sowie das Schwänzchen fixieren.

3 Alle Teile aus Filz zuschneiden, die Ohrteile übereinander fixieren, mittig eine Falte kleben und die Ohren am Kopf anbringen. Die Halstücher umknoten. Die Teelichtgläser zuerst mit der Bogenborte umkleben und darüber die Zackenborte setzen. Die Standplatte aus Wellpappe und Filz zuschneiden, aufeinanderkleben und die Bärchen und die Teelichter sowie die Filzpunkte darauf anordnen. Die zum Geburtstag passenden Zahlen nach Vorlage aus Fotokarton zuschneiden, in die Bärenhände einen Schlitz schneiden und die Zahlen dort einklemmen. Passende, bunte Kerzen in die Gläser setzen.

MATERIAL

- 2 Styroporkugeln, ø 6 cm (Körper)
- 2 Styroporkugeln, ø 5 cm (Köpfe)
- 9 Styroporkugeln, ø 3 cm
- 2 Wattekugeln, ø 2 cm
- 6 Glashalbperlen in Schwarz, ø 8 mm
- 2 Glasteelichtgläser, ø 4,5 cm, 2,5 cm hoch
- 3-D-Colorwellpappe in Grün, 30 cm x 30 cm
- Filzplatte in Grün, 4 mm stark, 25 cm x 25 cm
- Bastelfilz in Orange, 1 mm stark, 20 cm x 30 cm
- Bastelfilz in Pink, 1 mm stark, 20 cm x 30 cm
- Fotokartonrest in Pink
- Aludraht in Grün, ø 2 mm, 8 x 15 cm lang
- matte Acrylfarbe in Gelb und Limone
- farblich passende Kerzen

VORLAGE SEITE 246

Nett sieht es auch aus, wenn Sie anstelle des Aludrahtes für die Arme und Beine farblich passenden Chenilledraht verwenden. Wenn Sie einem Bärchen in jede Pfote eine Ziffer kleben, wird daraus im Nu eine tolle Dekoration für größere Geschenkpäckchen.

Glitzernde Anhänger

→ werden zum Blickfang

Fisch

1 Die Fisch-Teile (einmal die komplette Form, einmal den Fisch ohne Schwanz) aus der Haftfolie ausschneiden, ebenso die beiden Filzplatten für die Vorder- und Rückseite des Kopfes.

2 Zunächst die Innenflächen fertigstellen: Von beiden Haftfolien je die obere Schutzfolie abziehen und daraus die Innenform für das Geldfach ausschneiden. Die beiden Schutzfolien (ohne die Innenform für das Geldfach) wieder aufkleben, auf den oberen Rand je eine Hälfte des Klettbands kleben und die Innenfläche der Tasche mit Streukügelchen verzieren. Die übrige Schutzfolie von den beiden Innenflächen abziehen und die Teile zusammenkleben.

3 Auf einer Seite die obere Schutzfolie abziehen, daraus die Schwanzflosse schneiden und diese wieder aufkleben. Den Kopf aus Filz aufkleben und die blauen Perlen aufbringen. Die Rückseite ebenso fertigen. Die Schutzfolien der Schwanzflosse auf beiden Seiten abziehen und den gesamten Fisch in Streukügelchen wenden. Die Augen aufkleben, die Öse wie beim Schmetterling beschrieben anbringen und das Kettchen befestigen.

Schmetterling

1 Den Schmetterling ausschneiden und die Ösen anbringen: Dazu das Loch in die Haftfolie, an der noch beide Schutzfolien haften, stanzen und die Öse mit dem dazugehörigen Ösensetzer und einem Hammer anbringen. Danach ringförmig um die Öse die Schutzfolie einschneiden, sodass beim Abziehen ein „Verstärkungsring" aus Folie direkt unter der Öse verbleibt.

2 Die obere weiße Schutzfolie abziehen. Die Körperform und vier Kreise, ø 8 mm, aus der abgezogenen Schutzfolie ausschneiden und wieder fest aufkleben.

3 Die Perlen aufstreuen. Die Abdeckung des Körpers abziehen und Glasstifte und Rocailles aufbringen. Die Kreise abziehen und die Strasssteine aufsetzen. Die Rückseite wie die Vorderseite verzieren. Zum Schluss auf beiden Seiten Flitter aufstreuen. Das Band anknoten.

MATERIAL
FISCH

- extrastarke Haftfolie, 8 cm x 4,5 cm und 6 cm x 4,5 cm
- Rocailles in Blau gelüstert
- Bastelfilz in Hellblau, 2 x 4 cm x 3 cm
- 2 Strasssteine in Hellblau, ø 5 mm
- Streukügelchen in Silber, ø 0,5 mm
- Flitter in Blau metallic
- Öse in Silber, ø 3 mm
- Klettband, 2 cm x 8 mm
- Schlüsselanhänger-Kettchen
- Spitzzange
- Ösenwerkzeug

SCHMETTERLING

- extrastarke Haftfolie, 5 cm x 4 cm
- Rocailles in Pink mit Silbereinzug
- Glasstifte in Pink, 2 mm x 2 mm (für den Körper)
- 6 Strasssteine in Rosa, ø 5 mm
- Streukügelchen in Pink, ø 0,5 mm
- Flitter in Perlmutt
- Öse in Weiß, ø 3 mm
- Satinband in Pink, 3 mm breit und 15 cm lang
- Schlüsselring
- Ösenwerkzeug

VORLAGE SEITE 238

Bunte Blüten

→ vielseitig verwendbar

1 Die Einzelteile jeder Blüte ausschneiden und nach Belieben mit Filzstift bemalen. Dann gemäß Abbildung oder eigenen Vorstellungen zusammenkleben.

2 Mehrere Blüten können zusammen mit einigen grünen Blättern mit einem weißen Faden zu einer Fensterkette verbunden werden. Auch zum Dekorieren von Geschenken eignen sich die Blüten sehr gut.

Mit diesen Blumen können Sie Blumenstecker arbeiten, die zum Beispiel in Kombination mit bemalten Blumentöpfen ein sehr hübsches Muttertagsgeschenk ergeben. Die Töpfchen mit Steckmasse füllen und die Blumen hineinsetzen. Die Steckmasse mit Feenhaar o. Ä. abdecken.

MATERIAL BLÜTEN
- Fotokartonreste in Violett, Pink, Orange, Hellgrün, Grün, Weiß, Hellblau, Türkis und Gelb
- Filzstifte in verschiedenen Farben

VORLAGE SEITE 247

Kauf dir was Schönes!

→ Finanzspritze für Shopping-Fans

1 Den Rahmen in Pink, den Boden in Beige, die Decke in Weiß bemalen. Nach dem Trocknen mit Klarlack lackieren.

2 Den Tonkarton passend zuschneiden und auf die Rückwand und die zwei Seitenwände kleben. Für das Regal aus Sperrholz drei Rechtecke (10 cm x 3,5 cm), zwei Seitenteile (4,5 cm x 3,5 cm) und für die Abtrennung in der Mitte ein Stück (2 cm x 3,5 cm) aussägen. Gemäß Abbildung zusammenleimen, dann in Rosa bemalen und auf den Boden leimen.

3 Den Rundholzstab in drei Teile (9,5 cm, 4,5 cm und 5 cm lang) sägen. In die Rohholzkugel an drei Seiten ein Loch (ø 3 mm, 5 mm tief) bohren. In diese die Stangen gemäß Abbildung leimen. Hierbei zeigt der 9,5 cm lange Rundholzstab nach unten, der 5 cm lange Rundholzstab nach rechts und der 4,5 cm lange Rundholzstab nach hinten. Anschließend gelb bemalen.

4 Den Boden des Rahmens 1 cm von der Holzleiste entfernt und 5,5 cm von der Seitenwand entfernt, die Seitenwand 1 cm von vorn und 1,5 cm von oben und die Rückwand 1,5 cm von oben und 5,5 cm von der Seite entfernt durchbohren (ø 3 mm). Die Rundholzstäbe mit der Holzkugel in die Bohrungen leimen.

5 Für den Vorhang ein 4,5 cm x 10 cm und ein 3,5 cm x 10 cm großes Stück Stoff zuschneiden und die Enden je 5 mm breit umkleben. Die Blume aus Filz gemäß Vorlage ausschneiden und auf das breitere Stück kleben. Den Vorhang an der oberen Seite umknicken und gemäß Abbildung um die Rundholzstäbe kleben, das breitere Stück mit der Blume ist vorn.

6 In das Regal die Puppenkleider legen und die Schuhe auf den Boden kleben. Die Styroporkugel mit Spiegelmosaiksteinen bekleben und mittig an der Decke mit Sekundenkleber befestigen.

7 Die Geldscheine gemäß Vorlage zu einer Bluse falten. Den Draht an einem Ende zu einem Haken biegen, mit Klebefilm in der Bluse befestigen. Beide Blusen gemäß Abbildung mit Klebefilm fixieren. Den Schriftzug ausdrucken oder von Hand schreiben und den Papierstreifen schräg in die Ecke des Rahmens kleben.

MATERIAL

- Holzrahmen, 24 cm x 16,5 cm, 6 cm tief
- Acrylfarbe in Pink, Gelb, Beige, Weiß und Rosa
- Tonkarton in Orange mit bunten Blumen, A4
- Druckerpapier in Weiß, A4
- Styroporkugel, ø 3 cm
- Spiegelmosaiksteine, 3 mm x 3 mm
- Sperrholzrest, 4 mm stark
- Rundholzstab, ø 3 mm, 19 cm lang
- Bastelfilzreste in Orange und Pink
- Stoffrest in Gelb
- Draht, ø 1 mm, ca. 5 cm lang
- ungebohrte Rohholzkugel, ø 1,5 cm
- 4 Kleidungsstücke und 1 Paar Schuhe für Anziehpuppen
- Bohrer, ø 3 mm
- Geldscheine
- ggf. Filzstift in Pink

VORLAGE SEITE 247

Glückstroll

→ mit flotter Zipfelmütze

**VORLAGE
SEITE 247**

MATERIAL

- Fichtenleimholz, 1,8 cm stark, 30 cm x 10 cm (astfrei)
- Sperrholzrest, 8 mm stark (Schuhe)
- Sperrholzrest, 4 mm stark (Arme, Kleeblatt und Schild)
- Acrylfarbe in Hautfarbe, Rot, Gelb und Gelbgrün
- halbierte Rohholzperle, ø 1 cm (Nase)
- Abacafaser oder Jutegras in Gelb, 6 cm lang (Quaste)
- geglühter Blumendraht, ø 0,35 mm, 8 cm und 15 cm (Mützenquaste) und 2 x 10 cm lang (Befestigung der Arme)
- Bohrer, ø 1 mm

1 Die Ränder der ausgesägten Motivteile mit der Feile leicht abrunden und mit Schleifpapier glätten.

2 Die Holzteile bemalen und die Ränder evtl. nochmals leicht abschleifen. Die Nase aufkleben und das Gesicht aufzeichnen. Die Wangen mit Buntstift röten. Die Streifen auf der Mütze, die Nähte der Flicken und die Kreuzchen auf der Kleidung mit weißem Lackmalstift aufmalen.

3 In die Arme je ein Loch, in die Schultern je zwei Löcher bohren.

4 Um die Arme zu befestigen, ein 10 cm langes Drahtstück halb durch das Loch im Arm ziehen, dann beide Drahtenden durch die beiden Löcher in der Schulter stecken. Auf der Rückseite die Drahtenden mit Daumen und Zeigefinger oder einer kleinen Flachzange viermal verdrehen, mit dem Seitenschneider kürzen und andrücken.

5 Ein Ende des 15 cm langen Drahtstückes an der Mützenspitze andrahten, das andere Ende um die Mitte des Abacafaser- oder Jutegrasbüschels schlingen, verdrehen und kürzen. Das Büschel an der Bindestelle knicken und mit dem 8 cm langen Draht zweimal umschlingen, sodass eine Quaste entsteht. Die Drahtenden miteinander verdrehen und kürzen.

6 Den Wichtel auf die Schuhe kleben und das Kleeblatt und das Schild unter die Arme schieben; evtl. mit Kraftkleber fixieren.

Geschenkanhänger

→ zum Baby

1 Von den Motiven Kartonschablonen anfertigen.

2 Die Schablonen auf das Sperrholz übertragen und aussägen. Beim Schnuller zuerst die Innenfläche des Ringes heraussägen. Dazu ein Loch bohren, das Sägeblatt an einer Seite lösen, durch das Loch stecken und wieder fixieren. Die Innenfläche heraussägen.

3 Die Ränder der Motive mit Feile und Schleifpapier glätten und beim Schühchen die beiden Löcher bohren.

4 Die Motive bemalen.

5 Beim Entchen nach dem Bemalen die Flügel aufleimen. Beim Schühchen als Schuhband die Baumwollkordel durch die beiden Löcher ziehen und eine Schleife binden. Damit die Kordel leichter durch das Loch gesteckt werden kann, etwas Klebstoff auf das Kordelende auftragen und das Kordelende zusammendrehen. Ist der Klebstoff trocken, lässt sich die Kordel leicht durchstecken.

MATERIAL

◆ Sperrholzrest, 3 mm stark

◆ Acrylfarbe in Hellblau, Rosa, Weiß, Gelb und Orange

◆ ggf. Bohrer, ø 2,5 mm

◆ ggf. Baumwollkordel, ø 2,5 mm, 30 cm lang

VORLAGE SEITE 248

Viel Glück!

→ für einen guten Start ins neue Jahr

MATERIAL

SCHORNSTEINFEGER

- Holzkochlöffel mit runder Kelle, ø 6 cm, 35 cm lang
- Acrylfarbe in Hautfarbe, Schwarz und Weiß
- Tonkartonreste in Hautfarbe, Schwarz und Weiß
- Tonpapierrest in Hellgrün
- Bastelfilzrest in Rot
- Plüschpompon in Rot, ø 7 mm
- Chenilledraht in Schwarz, 12 cm lang, und in Silber, 10 cm lang
- Bast in Natur
- 2 durchbohrte Rohholzkugeln, ø 1 cm
- 2 Holzfüße, 2 cm lang
- Papierdraht in Natur, 2 x 4 cm lang
- Marienkäfer, 1,5 cm lang

SCHWEIN

- Holzkochlöffel mit runder Kelle, ø 6 cm, 35 cm lang
- Acrylfarbe in Rosa, Schwarz und Weiß
- Tonkartonreste in Weiß und Hellrosa
- Tonpapierrest in Grün
- Chenilledraht in Rosa, 7 cm lang
- Aludraht in Schwarz, ø 1 mm, 20 cm lang
- 4 Holzfliegenpilze, 1,5 cm hoch

VORLAGE SEITE 247

Schornsteinfeger

1 Die kurzen Papierdrahtstücke als Beinchen an die Löffelkelle kleben, die Holzfüße mit Klebstoff daran fixieren und zusammen mit der Kelle schwarz bemalen. Den Löffelstiel weiß gestalten.

2 Das Gesicht gestalten: Einige Basthaare aufkleben, den Zylinder darübersetzen, den Pompon als Nase fixieren und die Innenlinien zeichnen. Dem Filzschal fransige Enden schneiden, ihn locker zusammenbinden und an die Löffelkelle kleben. Das Köpfchen aufsetzen.

3 Die hautfarben bemalten Holzperlen mit Klebstoff auf den schwarzen Chenilledraht schieben und diesen am Stiel ankleben. Den zu Schlaufen gebogenen silberfarbenen Chenilledraht über den Arm legen und am Löffel fixieren.

4 Vier grüne Herzchen ausschneiden, als Kleeblatt aufsetzen und den Glückskäfer darüberkleben. Das grün unterlegte, beschriftete Schild direkt am Stiel anbringen.

Schwein

1 Alle vier Beine aus Tonkarton an der Rückseite ankleben und zusammen mit der Löffelkelle rosa bemalen, den Stiel weiß. Die Klauen schwarz färben und das Ringelschwänzchen aus Chenilledraht fixieren.

2 Das Gesicht gestalten, das kleine Halstuchteil dahinter fixieren und den Kopf mit Abstandsklebepads am Löffel anbringen.

3 Den Aludraht am Stiel ankleben, etwas eindrehen, durch die Klauen stechen und an der Rückseite mit Klebstoff fixieren. Das beschriftete Schild mit grünem Tonkarton hinterkleben, mit schmalem Rand ausschneiden und an den Draht kleben. Die Fliegenpilze aufsetzen.

Diese niedlichen Löffelkerlchen, die ganz einfach und recht schnell anzufertigen sind, lassen sich wunderbar solo oder zusammen mit einer Sektflasche, Pralinen oder als Stecker in einem kleinen Topf mit Kleeblattpflanze verschenken. Vor Silvester gibt es in Geschenkläden manchmal auch Konservendosen zu kaufen, in denen bereits Kleesamen eingepflanzt sind, so genannte „Dosenpflanzen", die nach kurzer Zeit zu keimen beginnen und regelmäßig gegossen werden müssen. Zusammen mit einem solchen Löffelkerlchen verschenkt kann das neue Jahr nicht schöner beginnen!

VIEL GLÜCK

VIEL "SCHWEIN"

Weil Basteln kleinen und größeren Kindern nicht nur riesigen Spaß macht, sondern auch die Konzentration und die motorischen Fähigkeiten schult, haben wir wieder viele kunterbunte und lustige Ideen zusammengestellt: Motive zum Ausschneiden, Kleben, Reißen, Falten und Modellieren sowie tolle Instrumente und Spielsachen sorgen dafür, dass ab sofort nie mehr Langeweile aufkommt!

Jetzt sind wir dran:

Basteln mit Kindern

Flotte Falter

→ schauen mal was so los ist ...

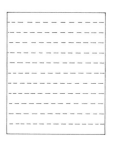

1 Das Papier für die Flügel im Abstand von 1 cm elfmal abwechselnd nach vorn und nach hinten falten (gestrichelte Linien). Die Flügel in der Mitte mit einem Faden zusammenfassen.

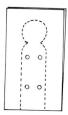

2 Das Rumpfpapier in der Mitte falten, die Rumpfschablone (siehe unten) auflegen, den Umriss mit Bleistift nachziehen und den (Doppel-)Rumpf ausschneiden.

3 Nur an der vorderen Rumpfhälfte mit der Lochzange vier Löcher ausstanzen. Jeweils durch zwei Löcher den Arm- bzw. Beinfaden ziehen. An die Fadenenden je eine Holzperle knoten.

4 Das Gesicht aufmalen, die Wackelaugen aufkleben. Beide Rumpfteile an den Köpfen aufeinanderkleben. Zwei Löcher für die Fühler einstechen. Den Fühlerdraht durchstecken und die Enden zu Ösen biegen.

5 Den Rumpf spreizen, die Flügel durchstecken und mit etwas Klebstoff fixieren.

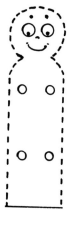

Vorlage für Rumpfschablone

MATERIAL
PRO FALTER

- Faltpapier in Grün, Rot oder Gelb, 12 cm x 10 cm (Flügel)
- Tonpapier in Grün, Rot oder Gelb, 12 cm x 3,5 cm (Rumpf)
- 2 Wackelaugen, ø 3 mm
- je 4 Holzperlen in Grün, Rot oder Gelb, ø 6 mm
- Baumwollfaden in Grün, Rot oder Gelb, ø 1 mm, 3 x 10 cm lang
- geglühter Blumendraht, ø 0,35 mm, 7 cm lang

Wulli, Wilma und Wilfried

→ freche Würmchen

ab
5
Jahre

MATERIAL PRO WURM

- Modelliermasse in Weiß und Terrakotta
- gewachste Baumwollkordel in Beige, ø 1 mm, oder Paketschnur, ø 2 mm, ca. 20 cm und 3 x 1,5 cm lang (Haare)
- 2 Indianerperlen in Schwarz, ø 2,6 mm
- ggf. Acrylfarbe in Gelb, Türkis und Rot
- Modellierholz

VORLAGE SEITE 250

1 Mindestens sechs Kugeln in unterschiedlichen Größen rollen.

2 Alle Kugeln mithilfe eines Zahnstochers oder Schaschlikstäbchens ganz durchbohren. In die größte Kugel zwei Indianerperlen als Augen, die kurzen Kordelstücke als Haare sowie zwei Nasenlöcher und den Mund eindrücken. In einige kleinere Kugeln rundum Löcher eindrücken. Dazu am besten das Modellierholz verwenden.

3 Wenn die Perlen getrocknet sind, die Kordel einmal verknoten und mit der kleinsten Kugel beginnend alle Perlen der Größe nach auffädeln. Direkt nach dem Kopf die Kordel erneut verknoten und in Höhe der Haare abschneiden.

Der bunte Wurm hat Haare aus Naturbast. Aus Draht, Wolle oder Plüschresten lassen sich ebenfalls lustige Frisuren gestalten.

Die Marienkäfer-Bande

→ kleine Spielideen

MATERIAL
PRO HÜTCHENSPIEL

- Kinderjoghurtbecher
- Regenbogenfotokartonrest
- Wattekugel, ø 1,5 cm
- Klebepunkte in Gelb und Grün, ø 8 mm
- 2 Perlen in Rot, ø 7 mm
- 2 ovale Wackelaugen, 5 mm x 7 mm
- Kordel in Weiß, ø 1 mm, 35 cm lang

BEWEGLICHE KARTE

- Fotokartonreste in Regenbogen-farbe, Hautfarbe und Rot-Schwarz gepunktet
- Chenilledraht in Schwarz, 2 x 5 cm lang
- Faden in Rot, ø 1 mm
- Klebepunkt in Rot, ø 8 mm

VORLAGE SEITE 250

Hütchenspiel

1 Die Blume aufmalen und mit der Prickelnadel aus Regenbogenfotokarton ausprickeln (siehe Seite 205).

2 Die Wattekugel wie abgebildet mit rotem Filzstift bemalen. Der Rest der Wattekugel wird schwarz bemalt.

3 Die Wackelaugen aufkleben und die Punkte daraufmalen. Den Mund mit weißem Lackmalstift gestalten.

4 Den Joghurtbecher mit den Klebepunkten und der Blume bekleben.

5 Um die Schnur im Becher befestigen zu können, mit dem Cutter oder einer spitzen Schere durch den Boden ein Loch stechen. Die Schnur nach innen in den Becher ziehen und eine Perle daran festknoten.

6 An das andere Schnurende eine Perle kleben und am Schluss den Marienkäfer mit Klebstoff daran befestigen.

Bewegliche Karte

1 Alle Teile ausprickeln (siehe Seite 205) und an-malen.

2 Die gebogenen Fühler von hinten an den Kopf kle-ben. Anschließend den Kopf auf den Körper kleben.

3 Mit einer Nadel oder Schere zwei Löcher in das Blatt stechen.

4 Den Faden auf der Rückseite des Marienkäfers fest-kleben und gut trocknen lassen.

5 Nun den Faden durch die Löcher ziehen und von der Rückseite etwa in der Mitte verknoten.

6 Wenn man jetzt auf der Rückseite am Faden zieht, „läuft" der Marienkäfer über das Blatt.

Das Bemalen der Wattekugeln geht ganz ein-fach, wenn sie zuvor von den Kindern auf einen Zahnstocher oder auf ein Schaschlikstäb-chen gesteckt werden. Nun können die Kinder die Kugel rundherum bemalen, indem sie einfach das Stäbchen immer ein Stück weiter drehen.

Das Hütchenspiel ist eine wunderbare Idee für Kinderge-burtstage. Nach dem gemeinsamen Basteln können Sie einen kleinen Wettbewerb veranstalten: Wer schafft es bei zehn Versuchen, die Wattekugel am häufigsten im Becher lan-den zu lassen?

Bunte Blumen

→ fürs Fenster

1 Die Kreise aus Tonkarton und Transparentpapier ausschneiden.

2 Die weißen Kreise mit den Pompons bekleben oder in der Siebtechnik gestalten. Dafür die Wasserfarbe dick mit Wasser anrühren. Die Farbe mit einem

Pinsel oder einer Zahnbürste aufnehmen und damit so über ein Sieb streichen, dass die Farbe auf den Tonkarton spritzt.

3 Die Kreise aus Transparentpapier wie abgebildet von der Rückseite an die weißen Blütenmitten kleben.

Kinder sollten bei der Siebtechnik einen Malkittel, z. B. ein altes Oberhemd von Papa, zum Schutz ihrer Kleidung tragen.

Mit mehreren Kindern lässt sich wunderbar eine bunte Blumenwiese basteln. Von der gesamten Blume eine oder mehrere Schablonen anfertigen und diese auf ein großes Plakat legen. Jetzt darf jedes Kind seine eigene Blume gestalten.

Wenn Sie ohne Schablonen arbeiten möchten, lassen Sie die Kinder die Kreise einfach frei Hand aufmalen. Das schult die Konzentration und die Fingerfertigkeit!

Knetkerzen

→ im Gummibärchen-Look

MATERIAL
◆ je 60 g Modellierwachs in Blau, Gelb, Rot und Grün
◆ Kerzendocht in Weiß, 4 x 7 cm lang

1 Das Modellierwachs weich kneten. Die Bärchen gemäß Abbildung aus je einem Stück formen.

2 Mit einem Schaschlikstab die Bären mittig vom Kopf aus durchstechen und den Docht einziehen.

Die Bärchen dürfen nur auf einem feuerfesten Untergrund angezündet werden und niemals ohne Aufsicht brennen. Anstelle von Wachsfiguren können die Kinder auch Bären aus FIMO® formen.

Flieg, kleiner Schmetterling!

→ Fensterbild in der Schnipseltechnik

ab 5 Jahre

MATERIAL
- Tonkarton in Weiß, A4
- gummierte Glanzpapier-reste in Rot, Blau und Schwarz
- gummiertes Glanzpapier in Gelb, A4
- flaches Wassergefäß mit Wasser
- ggf. Haushaltsschwamm

VORLAGE SEITE 249

1 Der Schmetterling besteht aus drei Kartonteilen, die einzeln mit Glanz-papier beklebt werden: den Flügeln, dem Rumpf und dem Kopf.

2 Beim Bekleben mit den gelben Flügeln beginnen: Papierschnipsel in der gewünschten Form und Größe vom Glanzpapierbogen abzupfen. Die Papierschnipsel in Wasser tauchen und die weißen Kartonteile damit bekle-ben. Alternativ kann das Glanzpapier auch mit einem nassen Schwämmchen angefeuchtet werden. Überstehende Ränder nach dem Trocknen abreißen oder abschneiden.

3 Da die Ränder der aufgeklebten Schnipsel sich nach oben wölben kön-nen, sollten diese ab und an nochmals glatt gestrichen werden.

4 Ist der gelbe Flügel fertig, werden darauf möglichst gleichmäßig bunte Punkte und Verzierungen geklebt. Dann den Körper und den Kopf des Schmetterlings gestalten. Für die Fühler zwei schmale Streifen ausreißen und aufkleben.

5 Alle fertig beklebten Teile zum Trocknen auslegen. Da sich der Karton dabei wellt, muss er vor dem Durchtrocknen gepresst werden. Zwischen einigen Lagen Zeitungspapier und mit einer Holzplatte oder Büchern beschwert können die Kartonteile trocknen und bleiben glatt.

6 Die Einzelteile zusammenkleben.

Wilde Löwen

→ aus Wellpappe gesteckt

**MATERIAL
PRO LÖWE**
- Wellpappe,
  260 g/m², in
  Rot, A4 (Körper
  und Schwanz)
- Wellpappe-
  reste,
  260 g/m²,
  in Grau und
  Weiß oder
  Gelb
- Teelöffelstiel
  oder Falzbein

**VORLAGE
SEITE 248**

1 Die Motivteile auf die jeweilige Well-pappe übertragen. Vor dem Ausschneiden die Knicklinien vorbereiten: Die gestrichel-ten Linien mit einem Teelöffelstiel oder einem Falzbein nachfahren. Die dabei ent-stehenden Nuten sollten deutlich sichtbar, die Wellpappe jedoch nicht beschädigt sein.

2 Die drei Einzelteile mit einem Schneide-messer, Skalpell oder – wenn Kinder schnei-den – einer Bastelschere ausschneiden. Dabei schrittweise von innen nach außen schneiden. Die Teile aus dem Material her-ausheben und vorsichtig nachknicken.

3 Den Löwenkörper durch Einstecken der Lasche am Bauch zusammenbauen. Anschließend den Mähnenkranz aufstecken, der mit der T-Verriegelung am Körper be-festigt wird. Achtung: Die beiden senkrech-ten Schlitze müssen unbedingt unten sein (siehe Abb. unten)!

4 Den Kopf vorknicken und in die beiden Schlitze im Mähnenkranz stecken (siehe Abb. unten). Den Schwanz des Löwen und die Stellung der Beine nach Belieben for-men.

Wellpappe hat mit seinen kleinen Wellen eine vorgegebene Richtung. Quer zu den Wellen geht das Kni-cken ganz leicht. Parallel zu den Wel-len ist ein Knicken nur ungenau möglich. Beachten Sie daher bitte unbedingt die Wellenrichtung! Die Wellenrichtung ist auf der Vorlage eingezeichnet.

Wer kann eine Schleife binden?

→ fröhliche Lernfiguren

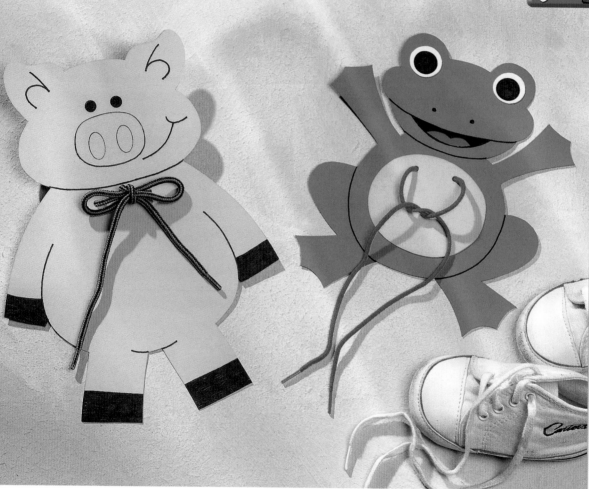

MATERIAL
- Tonkarton in Rosa und Grün, je A4
- Tonkartonreste in Gelb und Weiß
- Schnürsenkel in Rot und Schwarz-Rot, je 50 cm lang

VORLAGE SEITE 251

1 Die Motive ausschneiden und das Schweinchen wie abgebildet mit schwarzem Filzstift bemalen.

2 Dem Frosch die Augen und den Bauch aufkleben und das Gesicht ergänzen. Den Hals- und den Bauchabschluss ebenfalls mit Filzstift gestalten.

3 Von der Rückseite jeweils ein Tonkartonrechteck auf den Körper kleben, dann reißen die ausgestanzten Löcher später nicht so schnell ein. Zwei Löcher mit der Lochzange stanzen und die Schnürsenkel hindurchziehen. Jetzt kann Ihr Kind das Schleifenbinden üben, wann, wo und sooft es will!

Regenmacherröhre

→ exotisches Instrument aus Südamerika

MATERIAL

◆ Chipsdose, ø 7,5 cm, 23 cm hoch

◆ 88 Drahtnägel, je 3,5 cm lang

◆ Plakatfarbe in Weiß, Hellblau, Blau, Rot, Grün und Gelb

◆ Füllmaterial, z. B. Mandeln, Mais, Nussschalen usw.

1 Die Löcher zum Anbringen der Nägel ringsum mit einem Stift auf der Dose markieren. Der Abstand von einem zum anderen Nagel beträgt senkrecht verlaufend 2 cm. Der Abstand der Nagelreihen beträgt waagerecht verlaufend 3 cm. Darauf achten, die Nagelreihen immer versetzt anzuordnen.

2 Nun die Löcher mit einer Prickelnadel vorstechen und die Nägel einschieben. Sie brauchen nicht zusätzlich mit Klebstoff fixiert zu werden.

3 Die Röhre weiß grundieren und nach dem Trocknen blau bemalen. Der Boden ist rot bemalt, der Deckel bei diesem Modell transparent geblieben. Die Nagelköpfe bunt gestalten, indem die jeweilige Farbe mit einem Wattestäbchen aufgetupft wird.

4 Nun die Röhre zu etwa einem Viertel mit Mandeln o. Ä. füllen. Sobald die Röhre umgedreht wird, fallen diese durch die Nägel mit einem tollen Geräusch nach unten.

Der Deckel ist nicht festgeklebt. So können Sie das Schüttelgut immer wieder auswechseln, wodurch neue Geräusche entstehen.

Zum Basteln eignen sich auch größere Versandröhren wunderbar.

Utensilo-Krokodil

→ wild, aber nützlich

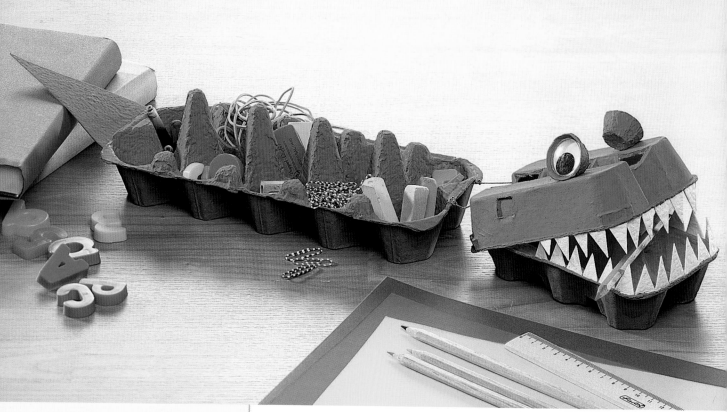

MATERIAL

- Schachtel für 10 Eier mit hohen Zapfen
- Schachtel für 6 Eier mit hohen Zapfen
- 2 Schälchen (Palette), 1,5 cm hoch (Augenuntergründe)
- Acrylfarbe in Weiß, Grün und Scharlachrot
- 2 Wackelaugen, ø 2,5 cm
- Perlgarn in Grün, 14 cm lang

VORLAGE SEITE 254

1 Von beiden Schachteln den Deckel abschneiden, den Schwanz und die Zähne aus dem Deckel der großen Schachtel zuschneiden, die Einzelteile gemäß der Abbildung bemalen.

2 Durch den Deckel für den Kopf mit einer Prickelnadel zwei Löcher stechen (ca. 2 cm von der seitlichen Deckelrundung und 1 cm von der Deckeloberseite entfernt). Das Perlgarn hindurchziehen. Die Wackelaugen in die Schälchen kleben und auf dem Deckel fixieren. Die Zähne befestigen.

3 Den Deckel schräg auf das Schachtelunterteil kleben. Den Schwanz an der Randunterseite des Körpers befestigen.

4 An der Körpervorderseite mit der Prickelnadel zwei Löcher stechen (2 cm von der seitlichen Rundung entfernt), das Perlgarn hindurchziehen und wie abgebildet verknoten.

Hier wache ich!

→ ganz und gar nicht gefährlich

1 Alle Einzelteile aus Tonkarton und Bastelfilz ausschneiden.

2 Den Hund mit wattiertem Bauch wie beim Mützenpompon des Weihnachtsmannes auf Seite 71 beschrieben zusammensetzen.

3 Die Nase und das Wackelauge aufkleben und den Mund mit einem schwarzen Filzstift aufmalen.

4 Den Messingstab mit der Zange in zwei gleich lange Stücke teilen und diese an der Rückseite der Hundebeine fixieren.

5 Das breite Satinband um den Hundehals legen und vorn mit einer dekorativen Schleife schließen. Den Hund mithilfe des schmalen Satinbandes nach Wunsch aufhängen.

MATERIAL

◆ Tonkarton in Weiß, A4
◆ Bastelfilz in Weiß, A4
◆ Bastelfilzrest in Schwarz
◆ Wackelauge, ø 1,4 cm
◆ Schleifenband in Rot, 7 mm breit, ca. 80 cm lang
◆ Schleifenband in Rot, 2,5 cm breit, 40 cm lang
◆ Messingstab, ø 2 mm

**VORLAGE
SEITE 251**

Alle Kinder dieser Erde

→ fröhliches Mobile, das verbindet

1 Den Regenbogen für mehr Stabilität doppelt ausschneiden und übereinanderkleben.

2 An beiden Enden die Wolken ankleben und Sonne, Mond und Sterne befestigen.

3 Die Acrylkugel mit Kleister und klein gerissenen Transparentpapierstücken vollständig bekleben. Nach dem Trocknen die Kontinente mit grüner Farbe aufmalen.

4 Die Körper der Kinder zu kleinen Kegeln zusammenkleben. Mit der Nadel Löcher für die Arme einstechen und ein jeweils 10 cm langes Chenilledrahtstück als Arm durchschieben. Nach Wunsch in Form biegen.

5 Alle Köpfe bemalen und die Haare ankleben. Für das chinesische Mädchen zwei schmale Zöpfe flechten und diese zusammen mit dem Hütchen aufkleben. Die Köpfe an die Körper kleben.

6 Zum Schluss die Figuren und die Erdkugel wie abgebildet mit Nähfaden am Regenbogen befestigen. Den fertigen Regenbogen ebenfalls mit Nähfaden aufhängen.

MATERIAL

- Regenbogentonkarton, A3
- Tonkarton in Gelb, A4
- Tonkarton in Grün, Rot, Orange und Weiß, je A6
- Tonkartonreste in Dunkelbraun, Hellgelb und Hautfarbe (Gesichter)
- Transparentpapierrest in Blau
- Chenilledraht in Braun, Gelb und Rot, je 10 cm lang
- Wollfäden in Schwarz und Braun (Haare)
- Nähfaden in Weiß
- Acrylkugel, ø 7 cm
- Acrylfarbe in Grün
- Buntstift in Orange
- Kleister

VORLAGE SEITE 252

Basteln Sie nach Belieben verschiedene Figuren, die Kinder aus den unterschiedlichsten Ländern der Erde zeigen, z. B. mit charakteristischer Kleidung oder einem für das jeweilige Land typische Accessoire in den Händen.

Nehmen Sie beim Aufmalen der Kontinente ggf. einem Atlas zuhilfe. So lernt Ihr Kind spielend die Weltkugel kennen.

Kunterbunter Tier-Express

→ auf großer Reise durchs Kinderzimmer

MATERIAL

- flüssige Stoff-malfarben oder Stoffmalstifte in Schwarz, Braun, Dunkelgelb, Rot, Brillantrot, Brillantblau, Brillantpink und Brillantgrün
- feiner Textilstift in Schwarz (zum Nachzeichnen der Konturen)
- Sublimat- bzw. Phantomstift
- ggf. Bügeltransferstift
- dünnes Butterbrotpapier
- Haarpinsel in versch. Stärken, z. B. 1, 2, 3 und 6
- Borstenpinsel in versch. Stärken, z. B. 2, 4 und 6
- Kissenhülle in Weiß
- Papperest
- Bügeleisen

VORLAGE SEITE 252/253

1 Bei weißen Stoffen das Motiv von der Vorlage kopieren und die Konturen mit einem Sublimat- oder Stoffmalstift nachzeichnen. Der Sublimatstift hat den Vorteil, dass die Konturen nach einiger Zeit wieder verschwinden bzw. auswaschbar sind. Die Vorlagen können außerdem mit Bügeltransferstift übertragen werden. Hierzu das Butterbrotpapier auf die Vorlage legen und die Linien mit dem Stift nachziehen. Anschließend das Papier mit der bemalten Seite auf den Stoff legen. Bei Baumwolleinstellung auf einer festen Unterlage ohne Dampf über das Papier bügeln, bis das Motiv auf dem Stoff sichtbar ist. Achtung: Bei dickerem Papier kann es passieren, dass der Stoff verbrennt, bevor sich die Linien abbilden. Außerdem werden die Motive spiegelverkehrt übertragen.

2 Eine dünne Pappe unter den Bereich, der bemalt werden soll, schieben, da die Farbe durch den Stoff nässt. Die schwarzen Konturen mit Textilstift nachzeichnen. Nun die Flächen mit einem Haar- oder Borstenpinsel ausmalen. Je feiner die Fläche, die ausgemalt werden soll, umso feiner sollte der Pinsel sein. Um die Farbflächen klar voneinander abzugrenzen, den vorherigen Farbauftrag immer erst trocknen lassen. Unbedingt die Herstellerangaben beachten! Ist die Farbe angetrocknet, die untergelegte Pappe vorsichtig entfernen und durch eine neue ersetzen. Ansonsten kann es passieren, dass die Pappe am Stoff haften bleibt.

3 Nach dem Trocknen der Farbe muss das Gewebe 5 Minuten lang von der Rückseite gebügelt werden. Dadurch wird die Farbe fixiert.

Zum Bemalen eignet sich alles, was einen hohen Baumwoll- oder Leinenanteil hat. Waschen Sie den Stoff aber unbedingt vor dem Bemalen, damit die Appretur entfernt wird. Ansonsten kann der Stoff die Farbe nicht richtig aufnehmen.

Prinzessinnen und Prinzen

→ vornehme Stifte und Anhänger

MATERIAL

- Chenilledraht in Rosa, Blau und Glitzergold, 9 mm stark
- 3 Rohholzperlen, ø 2,5 cm
- je 1 Holzperle in Lila und Grün, ø 1,3 cm
- Bastelfilzreste in Rosa und Gelb
- Bastreste in Gelb und Natur
- wasserfeste Stifte in Schwarz, Rot, Glitzerblau und Glitzergrün
- Organzaband in Weiß-Silber gemustert, 2,5 cm breit, 6 cm lang
- Nähgarn in Weiß

VORLAGE SEITE 253

1 Den Bast für die Haare zuschneiden: 6 cm für den Prinzen, 12 cm für die Prinzessin. Zuerst einige Basthaare auf die Holzkugeln kleben, dann die Kronen und den Hut anfertigen. Die Haare der Prinzessin zu Zöpfen binden und den Kopfschmuck auf die Holzperlen kleben. Den Prinzessinnenhut mit einem Schleier aus Organzaband verzieren. Nun die Gesichter aufmalen.

2 Den Chenilledraht um einen Stift wickeln und in die Bohrung der Holzperlen kleben. Am Ende nach Wunsch eine bunte Holzperle aufstecken und festkleben.

3 Zum Schluss die Figuren an einen Faden hängen oder um einen Bleistift drehen. Hier hält eine Holzperle am besten mit Heißkleber. Bitte aber auf keinen Fall Kinder mit der Heißklebepistole hantieren lassen, da Verbrennungsgefahr besteht!

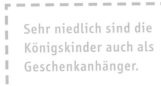
Sehr niedlich sind die Königskinder auch als Geschenkanhänger.

Lilly, die Schnecke

→ auf Reisen

1 Den kleinen Tontopf beige, den großen rot anmalen. Trocknen lassen.

2 Die Wackelaugen aufkleben und Nase und Mund aufmalen.

3 Den Chenilledraht mittig knicken und als Fühler in die Öffnung des kleinen Tontopfes stecken. Auf die Enden je eine Holzperle stecken.

4 Die kleine Öffnung auf dem großen Topf mit einem beigefarbenen Kartonkreis (ø 1,8 cm) verschließen.

5 Den Körper gemäß Vorlage aus beigefarbenem Tonkarton ausschneiden, das Blatt aus dem grünen. Die beiden Tontöpfe für den Kopf und das Schneckenhaus wie abgebildet auf den Körper kleben und gut trocknen lassen. Die fertige Schnecke auf das Blatt setzen.

MATERIAL
- je ein Tontopf, ø 3,5 cm und 5,7 cm
- matte Acrylfarbe in Beige und Karminrot
- Tonkarton in Beige und Grün, je A5
- Chenilledraht in Schwarz, 16 cm lang
- 2 Holzperlen in Rot, ø 1 cm
- 2 Wackelaugen, ø 1,2 cm

VORLAGE SEITE 254

Pfiffig sieht es auch aus, wenn Sie die Schnecke auf der Fensterbank oder dem Balkon auf ein echtes, herzförmiges Philodendronblatt setzen. Philodendronpflanzen erhalten Sie mit unterschiedlichen Blattformen beim Floristen.

Rasseln

→ geben den Rhythmus an

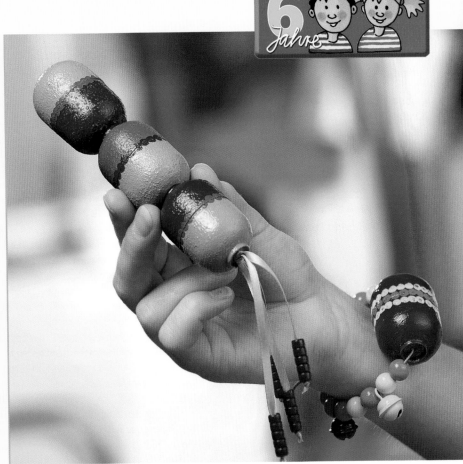

MATERIAL
RASSEL IN BLAU-TÜRKIS

- 3 Überraschungsei-Kapseln
- Plakatfarbe in Blau, Zarttürkis, Blaugrün und Weiß
- Satinband in Türkis, 4 mm breit, 35 cm lang
- 4 Walzenperlen in Blau, ø 6 mm, 1,9 cm lang
- Füllmaterial, z. B. Perlen, kleine Steine, Linsen, Reis usw.
- UHU por (Styroporkleber)

HANDRASSEL

- Überraschungsei-Kapsel
- Plakatfarbe in Blau, Rot, Gelb und Weiß
- Hutgummi in Weiß
- beliebige Anzahl (je nach Handgelenkgröße) Perlen in Gelb und Hellrot, ø 1 cm
- je 2 Metallglöckchen in Gelb und Blau, ø 1,5 cm
- Füllmaterial, z. B. Perlen, kleine Steine, Linsen, Reis usw.

Das Schmelzen der Löcher in die Kapsel sollten unbedingt Erwachsene machen! Dafür die Spitze einer Stopfnadel über einer Kerzenflamme erhitzen und dann sofort in das Ei stechen.

Rassel in Blau-Türkis

1 Die Kapseln füllen, aufeinanderstecken, mit UHU por fixieren, mit Plakatfarbe erst weiß grundieren und dann bemalen. Das Muster mit einem Wattestäbchen auftupfen.

2 Das Band (1 x 20 cm, 1 x 15 cm lang) in der Mitte zusammenknoten, an der Unterseite festkleben, die Perlen auffädeln und anknoten.

Handrassel

1 Mit einer heißen Stopfnadel in beide Seiten der Kapsel ein Loch schmelzen, das Hutgummi durchziehen und die Kapsel mit Schüttelgut füllen.

2 Mit Plakatfarbe grundieren und bemalen, das Muster mit einem Wattestäbchen auftupfen.

3 Zuletzt die Perlen und Glöckchen auffädeln.

Käpt'n Kuschel

→ der Außerirdische

MATERIAL

- je 2 Pappringe, ø 12,5 cm/5 cm und ø 8 cm/3 cm (außen/innen)
- Wolle in Hellgrün, Gelb und Pink
- 2 Wackelaugen, ø 2,5 cm
- Chenilledraht in Gelb, Orange und Lila
- 2 Metallic-Pompons in Grün, ø 2,5 cm
- je 2 Crepla®-Röllchen in Gelb und Lila

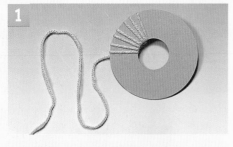

1 Jeweils zwei Pappringe mit den angegebenen Innen- und Außendurchmessern ausschneiden und aufeinanderlegen.

2 Für den Kopf mit den kleineren Ringen einen Pompon in Grün herstellen. Dafür die zusammengelegten Pappringe mit Wolle umwickeln (Abb.1). Den Faden am besten in eine große Stopfnadel fädeln, damit er sich leicht durch die Mitte führen lässt. Die Ringe so lange umwickeln, bis sich kein Faden mehr durchziehen lässt (Abb. 2). Die Wolle am äußeren Rand entlang mit einer spitzen Schere aufschneiden (Abb. 3). Einen Faden zwischen die Pappscheiben ziehen und fest um die Wollfäden verknoten. Die Pappscheiben an einer beliebigen Stelle bis zur Mitte einschneiden und entfernen. Den Pompon in Form schneiden.

3 Für den Pomponkörper die größeren Pappringe zuerst dick mit gelber Wolle umwickeln. Darüber grüne Wolle wickeln, dann

pinkfarbene, wieder grüne und zuletzt nochmals gelbe. Den Kopf auf dem Körper befestigen.

4 Für den Mund ein 9 cm langes, orangefarbenes Chenilledrahtstück zu einer Ziehharmonika biegen und ihn zusammen mit den Wackelaugen aufkleben.

5 Für die Antennen ein je 15 cm langes, gelbes Chenilledrahtstück um einen dicken Pinsel oder Stift wickeln. Die Spiralen etwas auseinanderziehen und an beiden Enden einen Metallic-Pompon befestigen. Die Antennen mit Klebstoff am Körper fixieren.

6 Für die Hände und Füße je einen Chenilledraht zu drei jeweils 4 cm langen Schlaufen (die erste Schlaufe entsteht in der Drahtmitte) biegen. Den restlichen Chenilledraht verzwirbeln und in ein Crepla®-Röllchen stecken. Arme und Beine zum Schluss wie abgebildet mit Klebstoff befestigen.

Im Handel gibt es auch Pomponsets mit fertigen Plastiksteckteilen, die sich zu Ringen zusammenfügen lassen. Hier entfällt das Anfertigen der Pappringe.

Lustige Laufclowns

→ Denen machen wir Beine!

**MATERIAL
PRO CLOWN**

◆ Deckel einer ovalen Käseschachtel, 11,5 cm x 7 cm

◆ Knick-Trinkhalm in Gelb

◆ Plakatfarbe in Weiß und Rot oder Grün

◆ Tonkartonreste in Orange, Weiß, Hautfarbe, Rot, Gelb, Blau und Grün

◆ 3 Pompons in Gelb, 2 x ø 1,5 cm und 1 x 2 cm

◆ Pompon in Rot, ø 1,5 cm

◆ Pompon in Blau, ø 3 cm

VORLAGE SEITE 255

1 An einer schmalen Seite der Käseschachtel gemäß Vorlage zwei Löcher für die Finger ausschneiden. In die Mitte der gegenüberliegenden Seite für den Trinkhalm mit der Lochzange ein Loch stanzen.

2 Den Schachtelkörper weiß grundieren und nach dem Trocknen in der gewünschten Farbe bemalen.

3 Die Hände zwischen die Ärmel aus Tonkarton kleben, die anschließend am Körper befestigt werden.

4 Den Trinkhalm auf beiden Seiten der Knickstelle kürzen. Die Seite, die in die Schachtel gesteckt wird, muss 6 cm lang sein, die Seite, an der der Kopf angebracht wird, 2,5 cm lang.

5 Den Kopf aus Tonkarton doppelt ausschneiden. Den Mund, die Zunge, die Bäckchen und die Augen mit Filzstiften aufmalen. Die Mundpartie befestigen, ebenso die Nase und die Haare. Danach den Trinkhalm zwischen die beiden Kopfteile.

6 Den Kragen mit Tonkartonpunkten verzieren, die mithilfe eines Bürolochers ausgestanzt werden. Mit der Lochzange in die Kragenmitte ein Loch stanzen und den Trinkhalm hindurchschieben. Dann den Halm in das Loch im Körper stecken und dort an der Innenseite mit einem Tonkartonkreis (ø 2,5 cm) befestigen. Zum Schluss die Pompons aufkleben.

Die lustigen Laufclowns sind der Hit jeder Kinderparty!
Veranstalten Sie einen fröhlichen Wettlauf, bei dem jedes Kind mit seinem Laufclown eine bestimmte Strecke zurücklegen muss. Die drei schnellsten Läufer bekommen ein kleines Geschenk und zur Stärkung gibt es nach dem Wettlauf leckere Brote, belegt mit Käse aus den Käseschachteln!

Folgende Materialien und Werkzeuge sollten Sie vor dem Basteln bereithalten. Sie werden in den einzelnen Materiallisten nicht mehr mit aufgeführt:

- Bleistift, Radiergummi, Anspitzer
- Kugelschreiber
- feine Permanentmarker in Schwarz und Rot
- Lackmalstift in Weiß
- Buntstift in Rot
- Lineal, Geodreieck®
- Schere, Nagelschere
- Zackenschere
- Cutter mit entsprechender Unterlage
- Prickelnadel mit weicher Unterlage
- Bürolocher oder Lochzange
- Bürohefter
- Paus- oder Kopierpapier, Kreidepapier, Transparentpapier
- Schreibmaschinenpapier
- dünne Pappe für Schablonen
- Nähnadel
- Stopfnadel
- verschiedene Pinsel
- Malschwämmchen
- Seitenschneider
- Flach- und Rundzange, Bastelzange
- Hammer
- Bohrmaschine
- Lappen oder Küchenpapier
- Klebestift
- Klebefilm
- UHU Alleskleber, UHU Alleskleber kraft
- Sekundenkleber
- doppelseitiges Klebeband

- Abstandsklebepads, Abstandklebeband
- Heißklebepistole
- Holzleim
- Schaschlikstäbchen, Zahnstocher
- Wattestäbchen
- wetterfester Klarlack

FÜR HOLZ
- Laub- oder Dekupiersäge
- Schleifpapier, z. B. mit einer Körnung von 80 und 120
- evtl. Schraubzwinge
- Feile

FÜR PLUSTER-FARBE
- Glasplatte
- Ofen, Föhn oder Bügeleisen

HINWEIS
Mit „Rest" ist immer ein Stück gemeint, das maximal die Größe A5 hat.

So wird's gemacht

Vorlagen übertragen

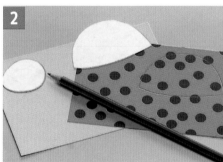

1 Das Transparentpapier auf die Vorlagenzeichnung legen und alle Teile ohne Überschneidung mit einem Bleistift nachzeichnen. Das Transparentpapier auf dünne Pappe kleben und alle Teile ausschneiden. Fertig sind die Schablonen!

2 Die Schablonen auf das passende Werkstück (Tonpapier, Filz, Holz etc.) legen und je nach Material mit einem Bleistift oder Kugelschreiber umfahren.

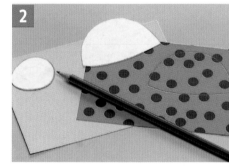

Die Vorlagen können auch mit Kopierpapier übertragen werden. Einfach das Kopierpapier mit der farbigen Seite nach unten auf das Werkstück legen und die abgepauste Vorlage darauf fixieren. Mit einem Stift die Linien nachziehen. Diese Methode bietet sich besonders bei unebenen oder gewölbten Oberflächen oder zum Übertragen von Gesichtern und Innenlinien an.

Papierarbeiten

1 Die Motivteile auf das Papier oder den Karton übertragen und mit der Schere oder der Prickelnadel heraustrennen. Beim Prickeln den Karton auf eine weiche Unterlage legen und mit der Nadel auf der Linie ein Loch neben dem anderen stechen, sodass sich das Motiv aus dem Karton lösen lässt. Innenlinien, Farbflächen und Gesichter mit Filzstiften aufmalen. Mit Buntstift die Wangen röten. Mit weißem Lackmalstift Lichtpunkte in die Augen setzen.

2 Die einzelnen Teile mithilfe der Vorlagenzeichnung und der Abbildung zusammensetzen und mit Klebstoff fixieren. Evtl. mit Perlen, Kordeln usw. verzieren und mit Klebefilmröllchen oder Nähfaden aufhängen.

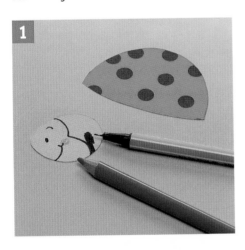

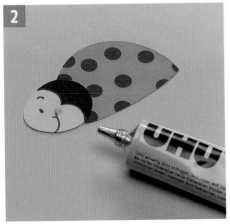

Fächerfaltung

Ein Papierstück immer im Abstand von 1 cm abwechselnd nach vorn und hinten zickzackförmig falten. Die erste Faltlinie mit Bleistift und Geodreieck® leicht vorzeichnen; so kann man sich an der Breite dieses ersten Streifens orientieren. Vor allem bei dickeren Papieren ist es für ein exaktes Falten hilfreich, die Faltlinien vorher entlang dem Geodreieck® mit dem Cutter leicht anzuritzen.

Ovaler Faltrumpf

1 Manche Motive haben einen ovalen Rumpf, der zum Zickzack gefaltet wird. Dazu vom eiförmigen Rumpf mit den beiden Kerben an Ober- und Unterseite eine Kartonschablone anfertigen.

2 Ein entsprechendes Papierstück, z. B. 21 cm x 10 cm (siehe Vorlage Seite 213), immer im Abstand von 1 cm leicht anritzen (gestrichelte Linien). Bei Regenbogentransparentpapier auf der matten Rückseite anritzen. An den beiden Schmalseiten jeweils die Mitte mit einem kurzen Bleistiftstrich andeuten. Die Schablone so auf das angeritzte Papier legen, dass sich die Kerben an den kurzen Bleistiftstrichen befinden. Den Umriss mit Bleistift nachfahren, dabei die beiden Kerben nicht einzeichnen, sondern die Eiform an diesen Stellen abrunden.

3 Die Eiform aus dem angeritzten Papier ausschneiden, dann im Zickzack falten und wieder öffnen. Nun mit der Lochzange mit der viertgrößten Stanze das erste Loch einstanzen (vgl. Vorlage). Anschließend immer zwei bis drei Faltungen gleichzeitig lochen. Das Lochen ist einfacher bzw. die Stanze arbeitet sauberer, wenn zusätzlich noch ein Fotokarton- oder Papprest untergelegt und mitgelocht wird. Jetzt den zusammengefalteten und gelochten Rumpf auf das bemalte Rundholzstäbchen stecken und auseinanderziehen.

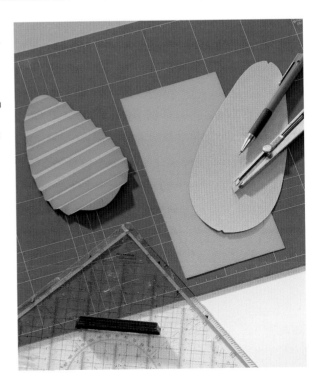

Karomuster auf Papier aufmalen

1 Karomuster werden mit einem dünnen, weißen Lackmalstift und farbigen Filzstiften (am besten ohne Lineal) aufgezeichnet. Bei den Motiven in diesem Buch wurden ein bis zwei Farben je Karo gewählt.

2 Für zweifarbige Muster mit einer Farbe im Abstand von 5 mm bis 1 cm senkrechte und waagerechte Linien ziehen. Anschließend mit der zweiten Farbe im Abstand von 1–3 mm je eine Linie rechts und links neben die gemalten Linien setzen.

3 Soll nur eine Farbe verwendet werden, so werden immer zwei Linien mit einem Abstand von 1–3 mm gezeichnet. Der Abstand zwischen den Doppellinien beträgt dann ca. 0,5–1,2 cm. Es sieht oft hübscher aus, wenn die Linien nicht ganz gerade verlaufen. Probieren Sie erst verschiedene Muster auf einem Kartonrest aus, um ein Gefühl dafür zu entwickeln.

Holz sägen und bemalen

1 Die Vorlagen wie auf Seite 204 beschrieben auf das Holz übertragen. Dabei darauf achten, dass die einzelnen Motivteile sich nicht überschneiden.

2 Das Motiv mit der Laubsäge sorgfältig aussägen. In den Ecken zum Wenden immer auf einer Stelle sägen und das Motiv langsam und ohne Druck drehen. Das ausgesägte Motiv mit Schleifpapier sorgfältig in Richtung der Holzmaserung abschleifen.

3 Eventuell benötigte Bohrungen ausführen. Dann die Holzteile wie abgebildet und beschrieben bemalen. Nach dem Trocknen die Augen und das Gesicht fertig ausgestalten. Anschließend alles mit Holzleim bzw. Heißkleber zusammenkleben oder verschrauben.

Damit aneinander angrenzende Farbflächen nicht ineinanderfließen, immer erst eine Farbe auftragen und trocknen lassen; dann erst die zweite Farbe auftragen.

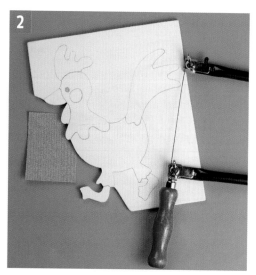

Basteln mit Tontöpfen

1 Vorlagen werden auf Tontöpfe mithilfe von Kohlepapier übertragen, das mit Klebestreifen auf dem bereits grundierten Topf fixiert wird.

2 Zum Bemalen der Töpfe wird Acrylfarbe verwendet. Bei hellen Farben die Töpfe weiß grundieren, um Brillanz und Leuchtkraft zu erzielen. Mit einem dicken Borstenpinsel grundieren, die Motive mit einem dünnen Pinsel gestalten. Ggf. Schriftzüge mit einem dünnen, wasserfesten Filzstift aufbringen.

3 Tontopffiguren werden mithilfe von Kordeln als Arme und Holz- bzw. Schaschlikstäbchen als Hals hergestellt. Für Hände eignen sich Holzperlen gut.

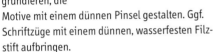

Basteln mit Eierschachteln

1 Man unterscheidet zwischen Eierschachteln für sechs oder zehn Eier und Eierpaletten für 30 Eier. Die geformten Vertiefungen für die Eier werden im Buch als Schälchen bezeichnet. Zwischen den Schälchen stehen zur Stabilisierung der Eier zapfenförmige Erhebungen, im Folgenden Zapfen genannt. Diese sind entweder kurz oder hoch, zudem gibt es eine Form, die oben nicht spitz zuläuft, sondern stumpf. Sowohl einige Schachteln als auch Paletten haben Zapfen mit Löchern. Paletten haben eine glatte Oberseite, wohingegen die Unterseite leicht strukturiert ist.

2 Jeder Zapfen hat vier Kanten. Wird ein Zapfen aus der Schachtel geschnitten, ergeben sich an den Kanten automatisch zackenförmige Einschnitte. Die vier Seitenteile können rund, spitz oder gerade zugeschnitten werden. So erhält man z. B. die Hose des Clowns auf Seite 123.

3 Für Schuhe, Füße und andere ebene Motivteile den Deckel der Eierschachtel verwenden. Dieser ist in den Materiallisten nicht aufgeführt.

4 Die Motivteile aus Eierkarton lassen sich im angefeuchteten Zustand ganz leicht biegen. Das Teil entsprechend der Anleitung zuschneiden. Die Partie, die verformt werden soll, beidseitig mit einem Pinsel anfeuchten. Das Motivteil einige Minuten beiseite legen, bis sich der Eierkarton nass und weich anfühlt. Anschließend die angefeuchteten Partien mit Zeigefinger und Daumen stets von innen nach außen in Form biegen.

Danach zum Trocknen auf eine Zeitung oder ein Stück Küchenpapier legen.

5 Die Figuren werden meist vor dem Zusammensetzen bemalt. Es ist ratsam, die Figuren immer mit weißer Acrylfarbe zu grundieren. Dadurch gewinnt der Eierkarton auch an Stabilität. Danach den entsprechenden Farbton auftragen.

Basteln mit Wattekugeln

1 Die Wattekugeln und -eier grundieren. Hierfür am besten einen Borstenpinsel und wenig Farbe verwenden. Ggf. muss die Form ein zweites Mal übermalt werden. Mithilfe eines Zahnstochers oder Drahtstückes die Watteformen zum Trocknen in ein Stück Styropor oder Steckmasse stecken oder in ein Glas stellen. Sollen Markiernadeln (Bürobedarf) oder Drähte grundiert werden, diese am besten vorher in Steckmasse o. Ä. stecken.

2 Beim Vorstechen in die Watteformen die Prickelnadel eher drehen als drücken. Dann werden Kugel und Ei nicht verformt. Das Vorstechen geht leichter, wenn die Formen grundiert sind, da dann die Oberfläche fester ist.

3 Bei manchen Figuren stört das Loch in der Wattekugel. Füllen Sie es mit lufttrocknender Modelliermasse oder mit Plusterfarbe auf. Letztere nach dem Trocknen nochmals auftragen, dann übermalen.

Windowcolor

MATERIAL

◆ Malfolie (z. B. Prospekthüllen aus PE oder PP), Windrad-, Mobile- oder Adhäsionsfolie, 0,2–0,7 mm stark

◆ Stecknadel

1 Das ausgewählte Motiv direkt von der Vorlage auf die benötigte Folie übertragen. Dazu die Folie mit kleinen Klebefilmstreifen auf der Vorlage fixieren. Anschließend das Motiv mit der entsprechenden Konturenfarbe nachziehen.

2 Die Konturenfarbe braucht einige Stunden bis sie völlig getrocknet ist. Bitte die Herstellerhinweise beachten! Die Konturen am besten über Nacht trocknen lassen. Auf keinen Fall in den ersten drei Stunden die Farbe berühren, da die Zeichnung dann sehr schnell verwischt.

3 Wenn die Konturen vollständig getrocknet sind, kleine Fehler oder unsaubere Linien noch mit dem Cutter korrigieren und evtl. neu nachzeichnen. Dabei nicht zu viel Druck ausüben, damit die Folie nicht zerschnitten wird. Anschließend die Flächen in den gewünschten Farben bis zum Rand ausfüllen. Windowcolor sehr großzügig auftragen, sie schrumpft im Trocknungsprozess erheblich. Wird die Farbe zu sparsam aufgetragen, wirkt sie nach dem Trocknen eher blass. Für fließende Übergänge mit dem Schaschlikstab oder einem Zahnstocher die noch frischen Farben ineinanderziehen. Dabei öfter die Spitze des Stabes mit einem

Tuch sauber wischen, sonst wirkt die Farbenmischung unrein.

4 Wenn das Motiv mit Glaskügelchen oder Streuflitter verziert werden soll, diese in die noch feuchte Farbe einstreuen.

5 Das fertig ausgemalte Bild vollständig trocknen lassen. Die Farbe braucht je nach Hersteller ca. 24 Stunden, bis sie ganz getrocknet ist. Anschließend das Motiv vorsichtig von der Folie abziehen, ggf. mit der Adhäsions-, Windrad- oder Mobilefolie ausschneiden und aufkleben.

Tipps & Tricks

▶ Da die Farben in getrocknetem Zustand anders aussehen als in den Tuben, empfiehlt es sich, Farbmuster auf ein Stückchen Folie zu malen. Das erleichtert die Farbauswahl.

▶ Beim Arbeiten mit Windowcolor entstehen oft kleine Luftbläschen. Man sieht sie manchmal erst, wenn die Farbe getrocknet ist. Halten Sie die Malfolie mit der frisch aufgetragenen Farbe gegen eine Lampe oder ein Fenster. Wenn Sie die kleinen Bläschen sehen, können Sie diese jetzt noch mit einer Nadel aufstechen.

▶ Wenn Sie ein Bild wieder vom Fenster ablösen wollen, kann das bei kalten Temperaturen manchmal schwierig sein. Windowcolor wird dann hart und spröde und bricht leicht. Warten Sie, bis die Sonne die Scheibe erwärmt hat oder verwenden Sie einen Föhn.

▶ Falls Sie Motive verschenken oder lagern wollen, sollten Sie immer eine Folie zwischen die einzelnen Bilder legen, damit sie nicht zusammenkleben.

▶ Mit schwarzem Filzstift lassen sich fehlerhafte schwarze Konturen ausbessern.

Serviettentechnik

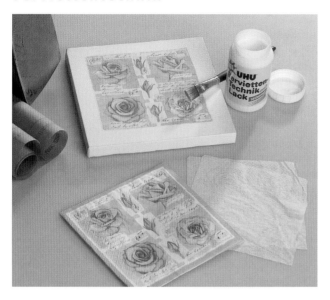

Die Stelle, auf die das Motiv aufgebracht werden soll, gleichmäßig mit Serviettenlack bestreichen und diesen etwas antrocknen lassen. Die unbedruckten Lagen der Serviette entfernen. Die oberste, bedruckte Lage der Serviette auf die Stelle legen, auf die der Serviettenlack aufgetragen wurde. Mit der Hand oder einem Fächerpinsel nun vorsichtig von der Mitte nach außen über das Motiv streichen, sodass keine Falten entstehen. Das Motiv mit Backpapier abdecken und mit dem Bügeleisen auf Stufe 3 überbügeln. Zum Versiegeln nochmals eine Schicht Serviettenlack auftragen. Wieder trocknen lassen.

Wangen röten

Bei einigen Modellen im Buch werden die Wangen mit Buntstift gerötet. Dazu mit einem Cutter Buntstiftspäne abschaben, mit dem Zeigefinger oder einem Wattestäbchen aufnehmen und auf die gewünschte Stelle reiben.

Drähte locken

1 Drahtlocken sehen sowohl bei Holz- als auch bei Papiermotiven sehr dekorativ aus und verleihen ihnen einen rustikalen Charme. Je nach gewünschtem Durchmesser der Spirale den Draht um einen Bleistift, Pinselstiel oder ein Schaschlikstäbchen bzw. einen Rundholzstab wickeln. Wenn die Locke lang genug ist, den Draht mit einem Seitenschneider abkneifen.

2 Die Drahtlocken nach Wunsch etwas auseinanderziehen, dann liegen die Spiralen nicht mehr so eng beieinander. Dafür die Locke an beiden Enden fassen und gleichmäßig daran ziehen.

Plusterfarbe

1 Die Vorlage unter eine Glasplatte legen und mit dem Pluster-stift nachzeichnen. Oder direkt auf Fotokarton Umrisse und Kon-turen übertragen und mit Plusterfarbe nachziehen. Die Farbe direkt auftragen, indem die Spitze über den Malgrund geführt wird. Je nach Druck und Geschwindigkeit verändert sich die Dicke des Farbauftrags. Um größere Halbkugeln (Köpfe) zu modellieren, den Stift unter gleichmäßigem Druck langsam in einer Spiralbe-wegung über die Fläche führen. Sollen eine Nase auf- oder Ohren angesetzt werden, so sollte zwischen den einzelnen Arbeitsschrit-ten gewartet werden, bis die Farbe leicht angetrocknet ist, um ein Verlaufen von Farben und Formen zu verhindern.

2 Nach dem Auftragen der Farbe müssen die Modelle ca. 6 Stun-den trocknen, um ungewollte Erhebungen beim Aufplustern zu verhindern. Die Trocknungszeit verlängert sich in Abhängigkeit von der Dicke des Farbauftrags.

3 Zum Aufplustern entweder einen Backofen (vorgewärmt auf 150° C), einen Föhn (1800 W) oder ein Bügeleisen (Baumwolltem-peratur) verwenden. Sicherheitshalber die Angaben auf dem ver-wendeten Plusterstift lesen, da sie von den oben genannten etwas abweichen können. Das Aufplustern beenden, wenn die Farben matt und reliefartig erscheinen. Nach dem Auskühlen die Arbeiten vorsichtig von der Glasplatte ziehen.

4 Augen, Münder, Fellmuster etc. frei Hand mit Acrylfarbe auf-tragen. Für dünne Linien mit Acrylfarbe am besten einen Zahnsto-cher verwenden.

Embossing

1 Das Stempelgummi mit dem Stempelkissen gleichmä-ßig einfärben. Wichtig: Nicht wie beim Bürostempelkissen mit viel Druck, stattdessen mehrfach tupfen. Motiv oder Schriftzug aufstempeln.

2 Auf den noch feuchten Stempelabdruck großzügig Embossingpulver streuen. Es besteht kein Grund zur Eile, da die Pigmentfarbe nur sehr langsam trocknet.

3 Das überschüssige Pulver auf ein geknicktes Blatt Papier schütten. Darauf ach-ten, dass keine Körnchen um das Motiv herum haften blei-ben. Abhilfe schafft leichtes Schnippen gegen die Rück-seite oder ein trockener Pin-sel. Mithilfe der Papierrinne das Pulver zurück in die Dose schütten.

4 Das so vorbereitete Motiv über einem Toaster erhitzen. Das feine Kunstharzpulver verschmilzt zu erhabenen Konturen und einer reliefar-tigen Oberfläche mit Glanzef-fekt. Zum Verschmelzen eig-nen sich auch Bügeleisen oder Herdplatte. Der Vorgang ist abgeschlossen, wenn die Pulverschicht glänzt bzw. nicht mehr körnig ist. Das Motiv sollte darüber hinaus nicht mehr erhitzt werden, da die Pulverschicht sonst wie-der flach wird.

Basteln mit Kindern

Familienbasteln bedeutet natürlich, dass viele Basteleien mit Kindern im Buch stecken. Damit man diese gut erkennt, sind sie durch einen Kinderbutton mit Altersangabe gekennzeichnet. Das ist allerdings nur eine Schätzung. Es kommt darauf an, wie geübt ein Kind ist, wie geschickt es ist und vielleicht auch, ob es gerade Lust hat zu basteln.

Kindgerechtes Basteln

Egal wie ordentlich das Kind bastelt, ob es geduldig ist oder nicht, ob es sich lieber genau an die Anleitung hält oder eigene Gestaltungsideen hat: Basteln ist für Kinder aus vielerlei Gründen wertvoll. Kinder lernen dadurch, sich besser zu konzentrieren. Sie lernen, mit Frustration umzugehen, stellen aber auch fest, dass sie schon richtig tolle Sachen machen können. Das stärkt ihr Selbstwertgefühl. Ganz wichtig ist, dass Kinder ein Material kennenlernen und wissen, ob es leicht oder schwierig zu schneiden und zu kleben ist, ob man es bemalen kann und welche Farbe dazu am besten geeignet ist. Sie machen die Erfahrung, dass es besser ist, pfleglich mit der Schere und anderem Werkzeug umzugehen: Wenn die Schneiden einer Schere mit Klebstoff beschmutzt sind, dann schneidet sie beim nächsten Basteln eben nicht mehr so leicht.

Spaß ohne Leistungsdruck

Das Allerwichtigste ist natürlich, dass Klein und Groß Spaß am Basteln haben! Bitte erwarten Sie von keinem Kind Perfektion und motivieren Sie es anstatt zu kritisieren. Falls dann ein „Oh, das ist aber unsauber ausgeschnitten!" herausrutscht, sollte etwas Konstruktives wie „Schön, jetzt schau mal, ob du diese kleine Ecke noch wegschneiden kannst." folgen.

Zur Motivation gehört auch, dass man den Kindern vermittelt, warum sie ein bestimmtes Motiv basteln sollen. Dabei helfen Gespräche: Hat das Kind bereits im Zoo oder in einem Bilderbuch einen Seelöwen gesehen? War der Nikolaus schon da oder hat das Kind Mühe, sich an den Nikolaus vom letzten Jahr zu erinnern?

Besonders Kinder im Vorschulalter können sich nicht sehr lange konzentrieren. Daher sollten weder die einzelnen Arbeitsschritte noch die gesamte Bastelei allzu lange dauern.

Hier ein kleiner Überblick, welche Techniken sich für welches Alter eignen:

Prickeln und Ausschneiden: Zum Prickeln braucht man eine Prickelnadel und eine weiche Unterlage. Die Kinder stechen damit an einer Linie entlang, bis das Motiv sich vom Hintergrund löst. Wem das nicht liegt, kann eine Schere benutzen. Altersstufe: 3–5 Jahre.

Ausreißen: Ausreißen macht Spaß, dabei können auch Aggressionen abgebaut werden. Damit lassen sich entweder Papiermosaike kleben oder die Schnipsel dienen als Ausgangsmaterial für Pappmaché. Altersstufe: 3–5 Jahre.

Falten: Beim Papierfalten entfällt nicht nur das Hantieren mit Klebstoffen und Werkzeugen, Kinder können dabei auch prima ihre Geschicklichkeit und Konzentrationsfähigkeit trainieren. Außerdem lässt sich mit gefalteten Tieren oder Schiffen auch wunderbar spielen! Altersstufe: ab 5 Jahre.

Kleben: Beim Kleben mit kleinen Kindern sollte man darauf achten, dass der Klebstoff keine Lösungsmittel enthält. Dafür gibt es spezielle Bastelkleber und Papierkleber für Kinder, die man sogar aus Kleidung auswaschen kann. Falls nur ein ganz normaler Alleskleber zur Verfügung steht, ist das nicht schlimm. Sicherheitshalber sollten ganz kleine Kinder dabei beaufsichtigt werden, damit nicht zu viel auf Kleidern, Händen oder Möbeln landet. Altersstufe: 3–5 Jahre.

Modellieren und Pappmaché: Beim Modellieren mit Modelliermasse und FIMO® können Kinder ein dreidimensionales Verständnis entwickeln und ihrer Fantasie freien Lauf lassen. Altersstufe: ab 4 Jahre.

Malen: Beim Auftragen von Farbe mit Fingern, Pinseln und Schwämmchen lernen Kinder die Farben richtig zu dosieren. Altersstufe: ab 5 Jahre.

Laubsägen: Bitte auf dünnes Sperrholz bis zu einer Stärke von 5 mm achten. Die Geschicklichkeit wird gefördert, aber man braucht eben auch ein bisschen Kraft. Altersstufe: ab 8 Jahre.

Bohren: Beim Arbeiten mit Holz kann man Kinder mit einem Nagelbohrer arbeiten lassen. Das Bohren von Löchern mit der Bohrmaschine sollten Erwachsene übernehmen. Altersstufe: ab 8 Jahre.

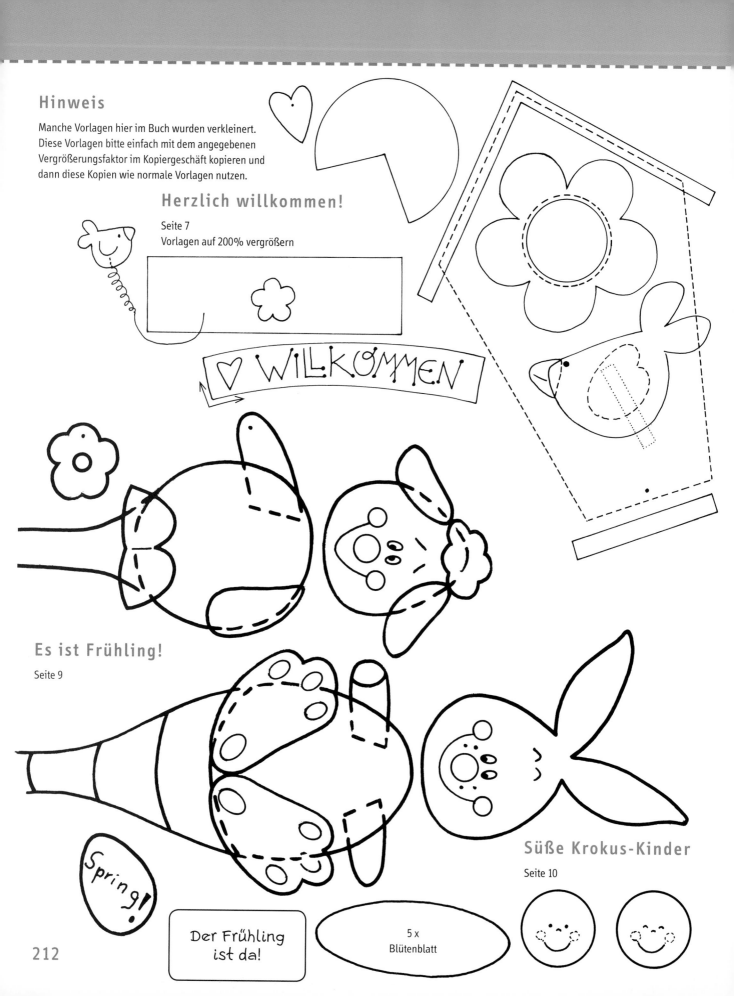

Hinweis

Manche Vorlagen hier im Buch wurden verkleinert. Diese Vorlagen bitte einfach mit dem angegebenen Vergrößerungsfaktor im Kopiergeschäft kopieren und dann diese Kopien wie normale Vorlagen nutzen.

Herzlich willkommen!

Seite 7
Vorlagen auf 200% vergrößern

♡ WILLKOMMEN

Es ist Frühling!

Seite 9

Süße Krokus-Kinder

Seite 10

Spring!

Der Frühling ist da!

5 x Blütenblatt

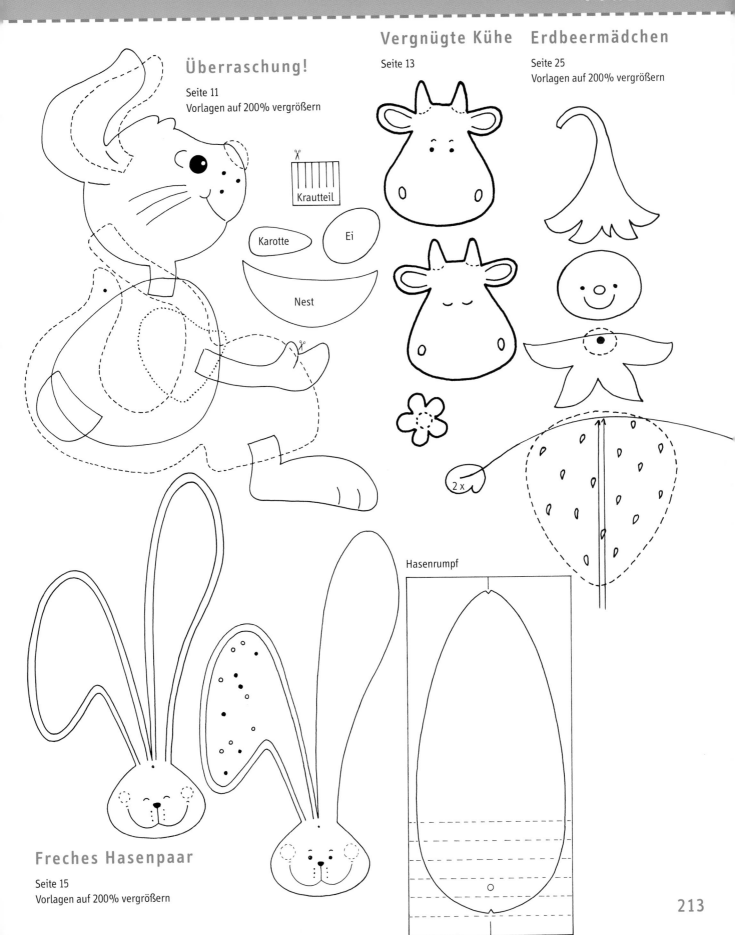

Überraschung!

Seite 11
Vorlagen auf 200% vergrößern

Krautteil

Karotte

Ei

Nest

Vergnügte Kühe

Seite 13

Erdbeermädchen

Seite 25
Vorlagen auf 200% vergrößern

2 x

Hasenrumpf

Freches Hasenpaar

Seite 15
Vorlagen auf 200% vergrößern

213

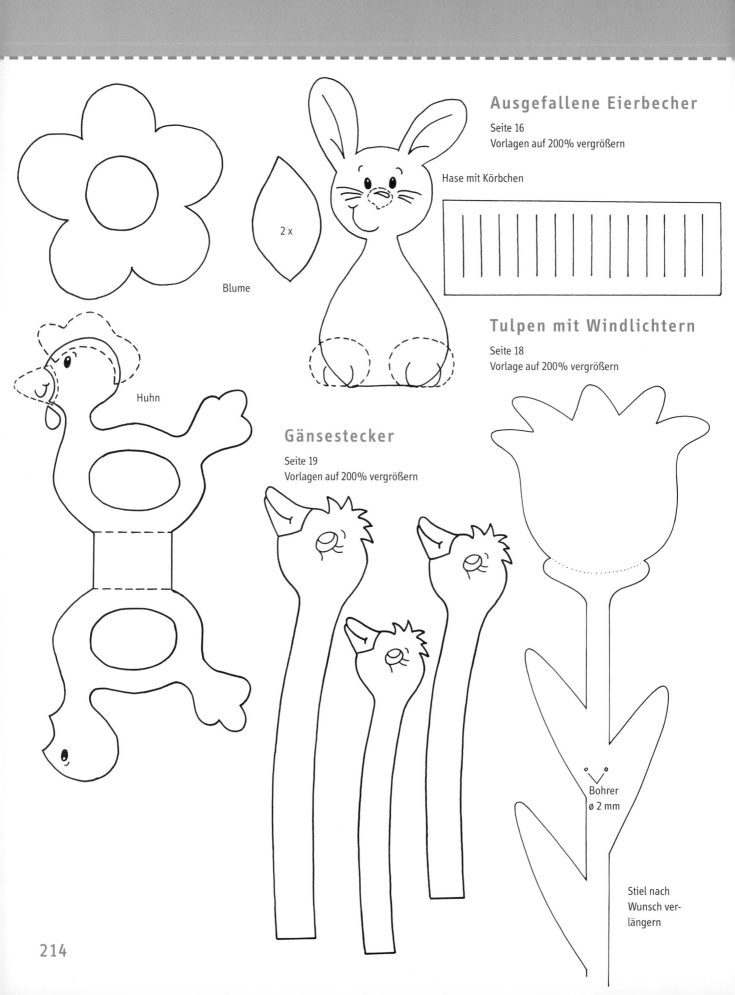

Blume

2 x

Huhn

Ausgefallene Eierbecher

Seite 16
Vorlagen auf 200% vergrößern

Hase mit Körbchen

Tulpen mit Windlichtern

Seite 18
Vorlage auf 200% vergrößern

Gänsestecker

Seite 19
Vorlagen auf 200% vergrößern

Bohrer
ø 2 mm

Stiel nach
Wunsch ver-
längern

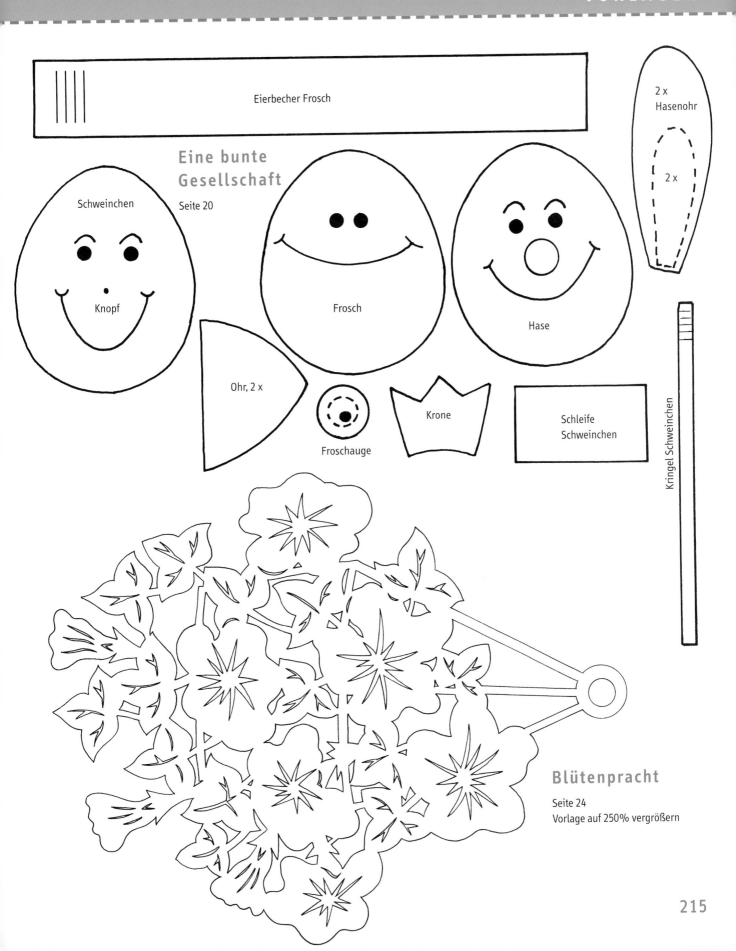

Eierbecher Frosch

Eine bunte Gesellschaft

Seite 20

Schweinchen

Knopf

Frosch

Hase

2 x Hasenohr

2 x

Ohr, 2 x

Froschauge

Krone

Schleife Schweinchen

Kringel Schweinchen

Blütenpracht

Seite 24
Vorlage auf 250% vergrößern

215

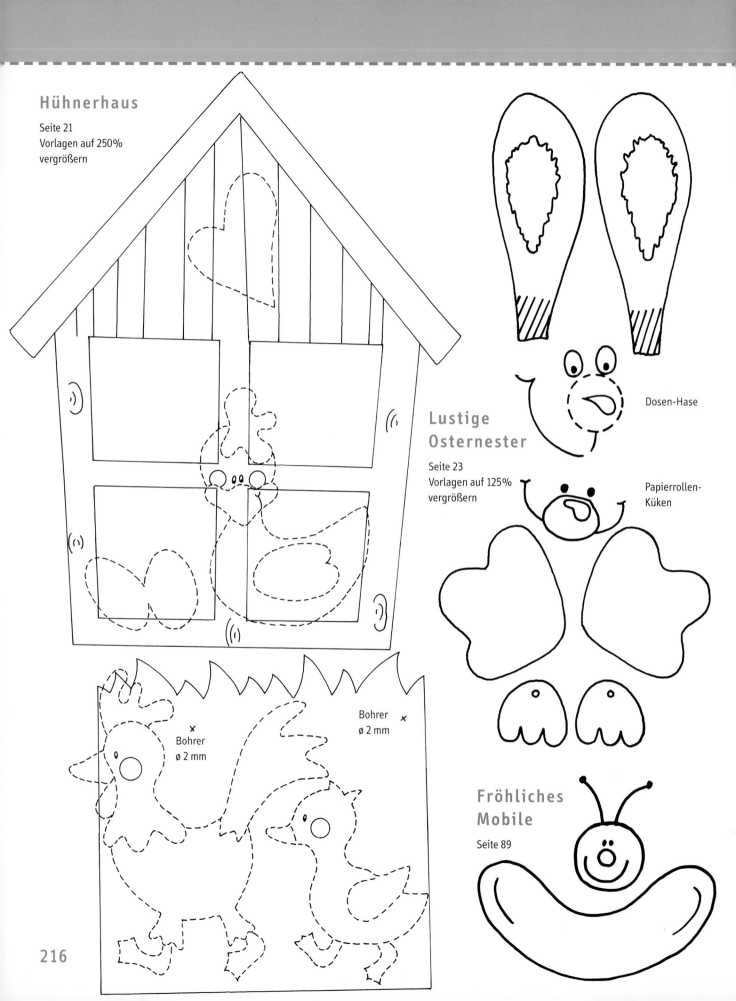

Hühnerhaus

Seite 21
Vorlagen auf 250%
vergrößern

Lustige Osternester

Seite 23
Vorlagen auf 125%
vergrößern

Dosen-Hase

Papierrollen-Küken

Bohrer
ø 2 mm

Bohrer
ø 2 mm

Fröhliches Mobile

Seite 89

Fleißige Gartenelfen

Seite 26

Vorlagen auf 140% vergrößern

2 x

Vogeltränke

Seite 27

Fußplatte

Sommerliche Tischdeko

Seite 28
Vorlagen auf 200% vergrößern

Klebefläche

Strand-
freuden

Seite 31
Vorlagen auf 200%
vergrößern

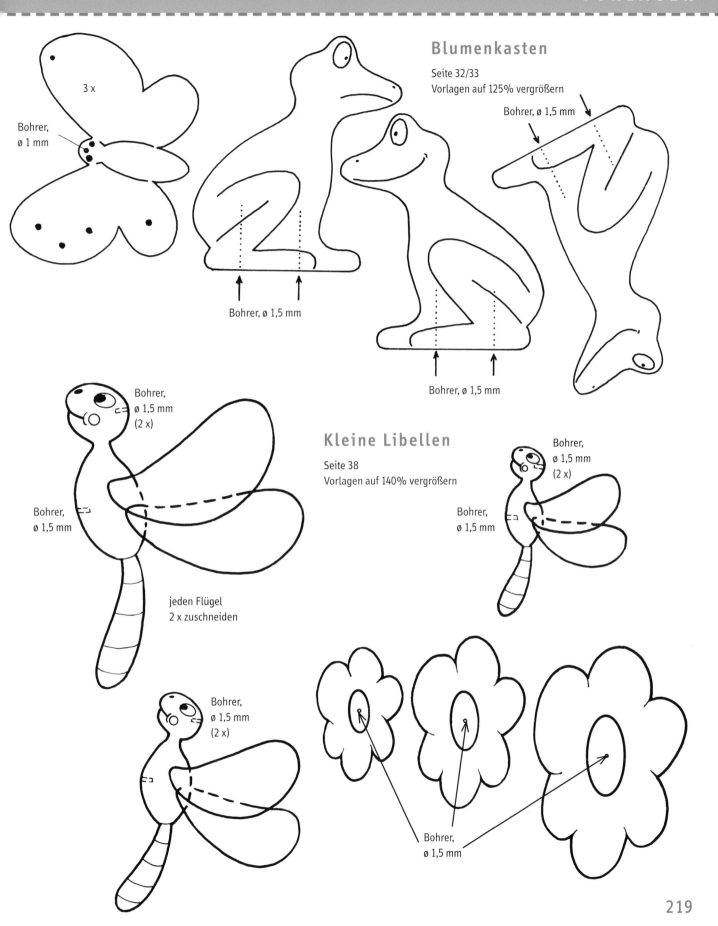

Blumenkasten

Seite 32/33
Vorlagen auf 125% vergrößern

3 x

Bohrer,
ø 1 mm

Bohrer, ø 1,5 mm

Bohrer, ø 1,5 mm

Bohrer, ø 1,5 mm

Bohrer, ø 1,5 mm

Kleine Libellen

Seite 38
Vorlagen auf 140% vergrößern

Bohrer,
ø 1,5 mm
(2 x)

Bohrer,
ø 1,5 mm

Bohrer,
ø 1,5 mm
(2 x)

Bohrer,
ø 1,5 mm

jeden Flügel
2 x zuschneiden

Bohrer,
ø 1,5 mm
(2 x)

Bohrer,
ø 1,5 mm

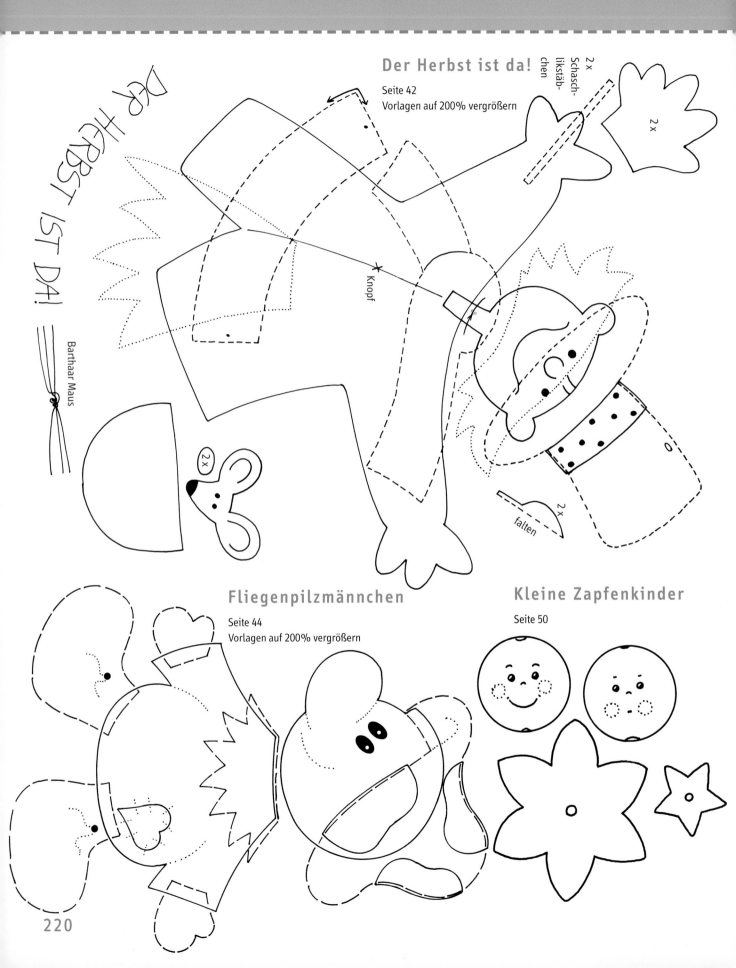

Barthaar Maus

Der Herbst ist da!

Seite 42
Vorlagen auf 200% vergrößern

2 x Schasch-likstäb-chen

2 x

2 x

Knopf

2 x

falten

2 x

Fliegenpilzmännchen

Seite 44
Vorlagen auf 200% vergrößern

Kleine Zapfenkinder

Seite 50

Gespenster-
laterne

Seite 45

Kleine Zapfenkinder

Seite 50

Lass' uns
Freunde sein...

Willst du
mitfliegen?

4 x

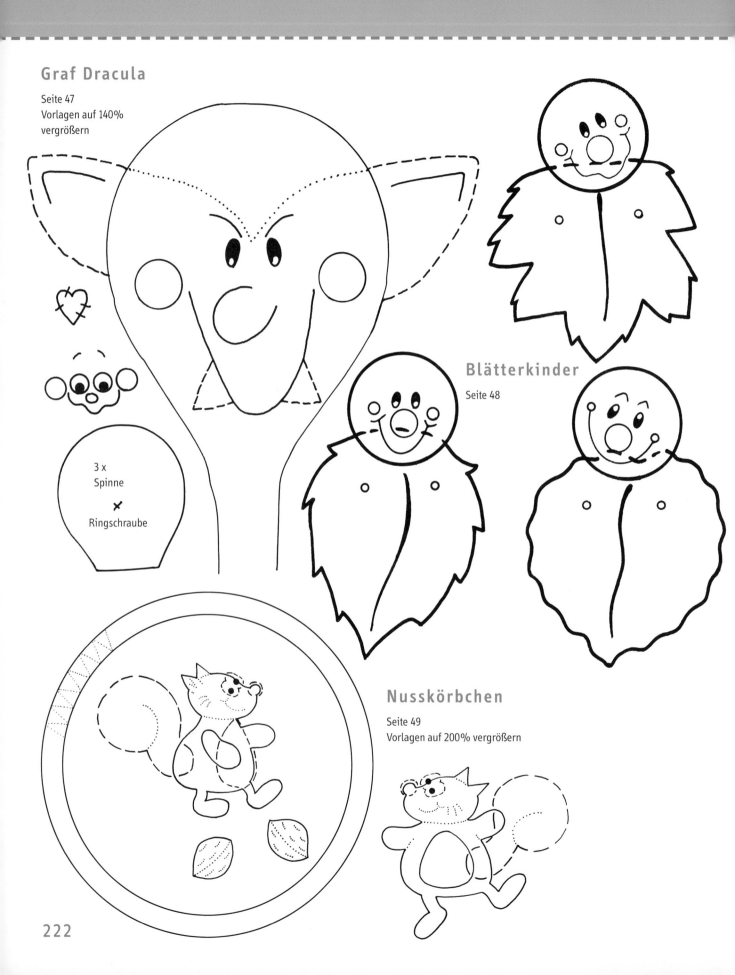

Graf Dracula

Seite 47
Vorlagen auf 140%
vergrößern

3 x
Spinne

✗
Ringschraube

Blätterkinder

Seite 48

Nusskörbchen

Seite 49
Vorlagen auf 200% vergrößern

Hände für Junge

2 x

Indianer-Schultüte

Seite 53
Vorlagen auf 200% vergrößern

Löcher
einstechen

Pfeilspitze
Wäscheklammer
ankleben

Hilda, die Hexe

Seite 59
Vorlagen auf 250% vergrößern

Für ABC-Schützen

Seite 54/55
Vorlagen auf 200% vergrößern

kleben

kleben

knicken

Stiftebox

Knopf ankleben

2 x

2 x

2 x

kleben

kleben

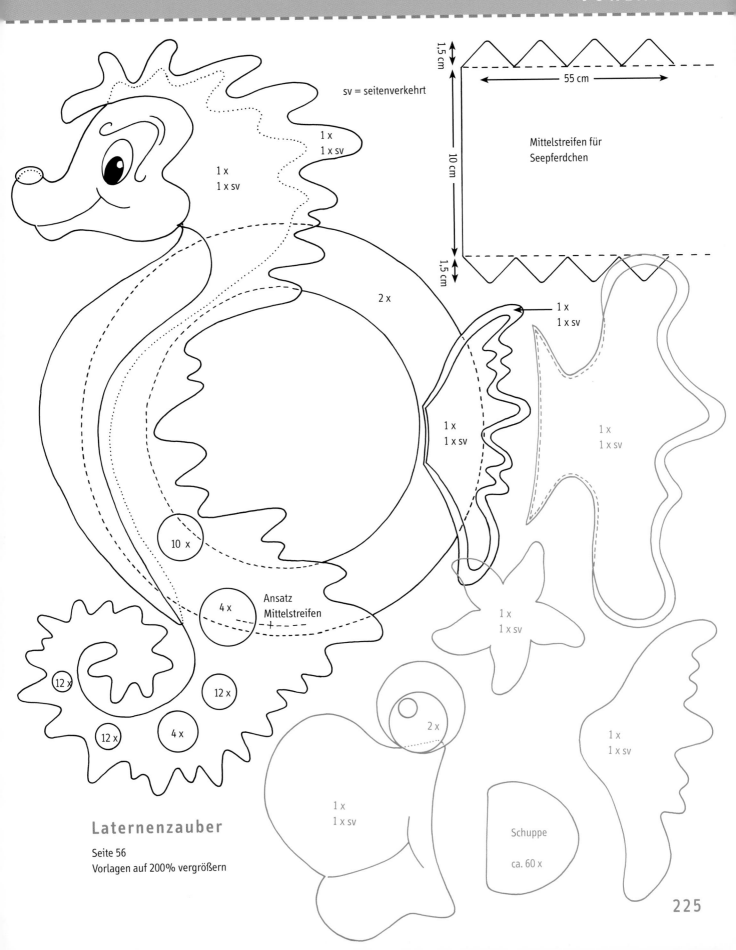

sv = seitenverkehrt

1,5 cm

55 cm

10 cm

Mittelstreifen für
Seepferdchen

1,5 cm

1 x
1 x sv

1 x
1 x sv

2 x

1 x
1 x sv

1 x
1 x sv

1 x
1 x sv

1 x
1 x sv

10 x

Ansatz
Mittelstreifen
+

4 x

12 x

12 x

12 x

4 x

2 x

1 x
1 x sv

1 x
1 x sv

Schuppe

ca. 60 x

Laternenzauber

Seite 56
Vorlagen auf 200% vergrößern

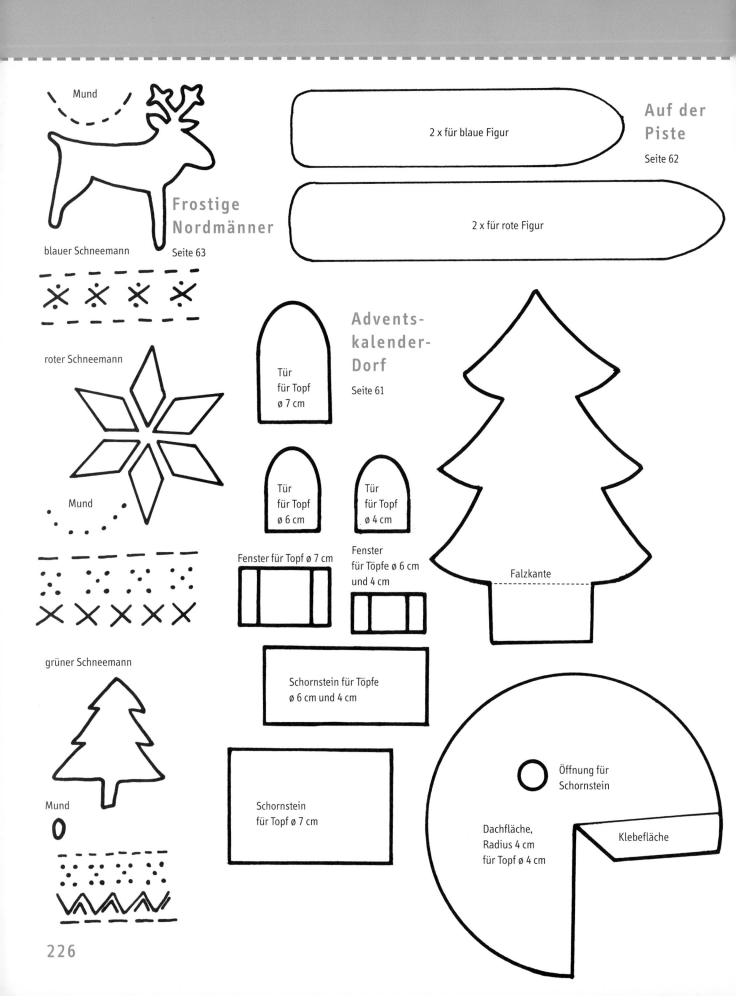

Mund

Frostige Nordmänner

blauer Schneemann   Seite 63

roter Schneemann

Mund

grüner Schneemann

Mund

Auf der Piste

Seite 62

2 x für blaue Figur

2 x für rote Figur

Adventskalender-Dorf

Seite 61

Tür
für Topf
ø 7 cm

Tür
für Topf
ø 6 cm

Tür
für Topf
ø 4 cm

Fenster für Topf ø 7 cm

Fenster
für Töpfe ø 6 cm
und 4 cm

Schornstein für Töpfe
ø 6 cm und 4 cm

Schornstein
für Topf ø 7 cm

Falzkante

Öffnung für
Schornstein

Dachfläche,
Radius 4 cm
für Topf ø 4 cm

Klebefläche

Advents-kalender-Dorf

Seite 61

je Schnee-kristall
3 x

Dachfläche,
Radius 6,5 cm
für Topf ø 7 cm

Klebefläche

Klebefläche

Hallo, Winter!

Seite 60
Vorlagen auf 285% vergrößern

Dachfläche,
Radius 5 cm
für Topf ø 6 cm

Sternen-deko

Seite 77
Vorlagen auf
200% vergrößern

Schwein

Hutkrempe Kaminfeger

2 x

Schuhe
Kaminfeger

Leiter
Kaminfeger

Fliegenpilz

Viel Glück im neuen Jahr!

Seite 79
Vorlagen auf 200% vergrößern

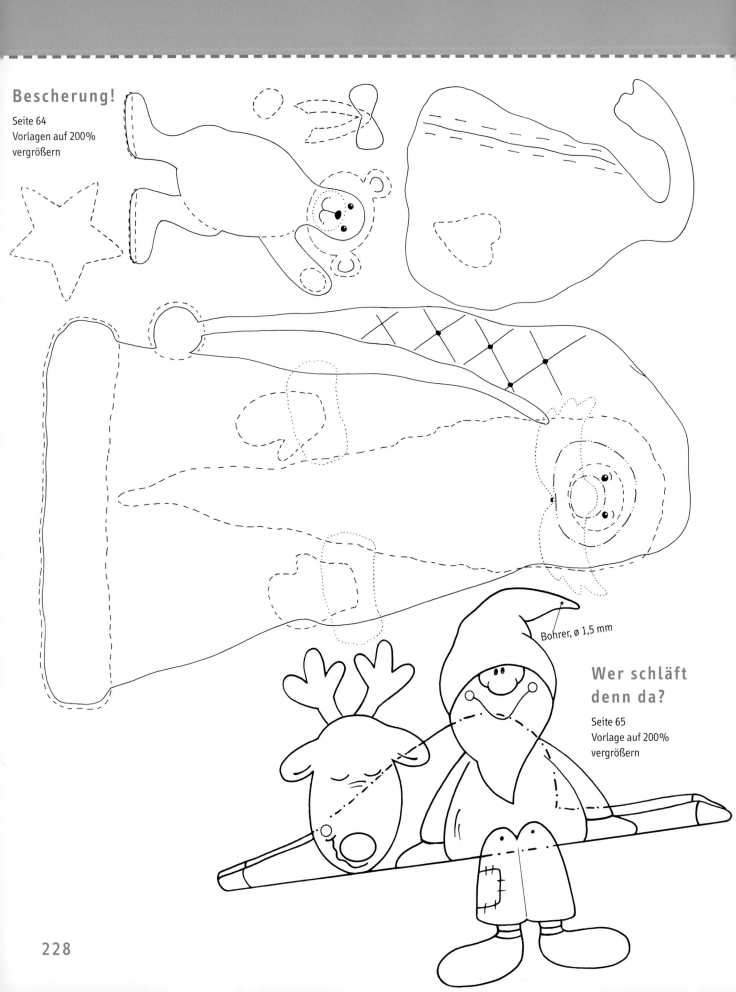

Bescherung!

Seite 64
Vorlagen auf 200%
vergrößern

Bohrer, ø 1,5 mm

**Wer schläft
denn da?**

Seite 65
Vorlage auf 200%
vergrößern

228

Die Heilige Familie

Seite 69
Vorlage auf 200%
vergrößern

Schraubstelle
Ringschraube

Geschenkdosen

Seite 70
Vorlagen auf 125%
vergrößern

2 x

2 x

Körbchen

Stimmungsvolles Ambiente

Seite 87
Vorlage auf 125% vergrößern

Nikolausgeschenk

Seite 71
Vorlagen auf 200% vergrößern

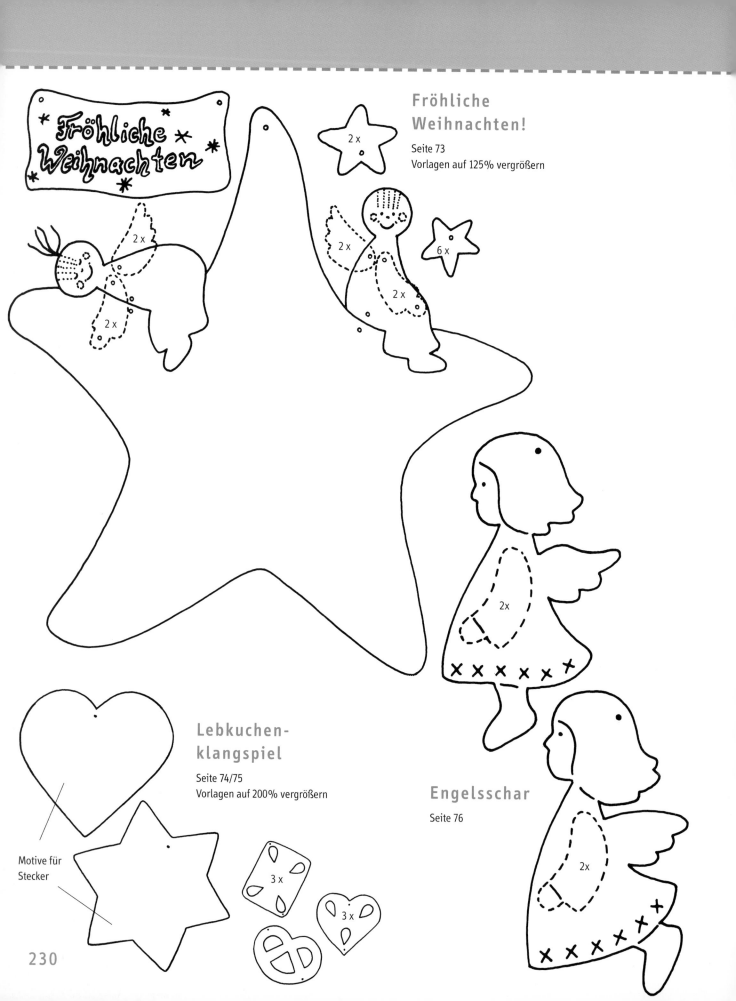

Fröhliche Weihnachten

Fröhliche
Weihnachten!

Seite 73
Vorlagen auf 125% vergrößern

2 x

2 x

2 x

6 x

2 x

2 x

2x

Lebkuchen-
klangspiel

Seite 74/75
Vorlagen auf 200% vergrößern

Engelsschar

Seite 76

2x

Motive für
Stecker

3 x

3 x

Bunte Schmetterlinge

Seite 82

Sonne, Mond
und Sterne

Seite 85
Vorlagen auf
200% vergrößern

Seerosen

Seite 83
Vorlagen auf 200% vergrößern

Blütenblatt
18 x

Seerosenblatt

231

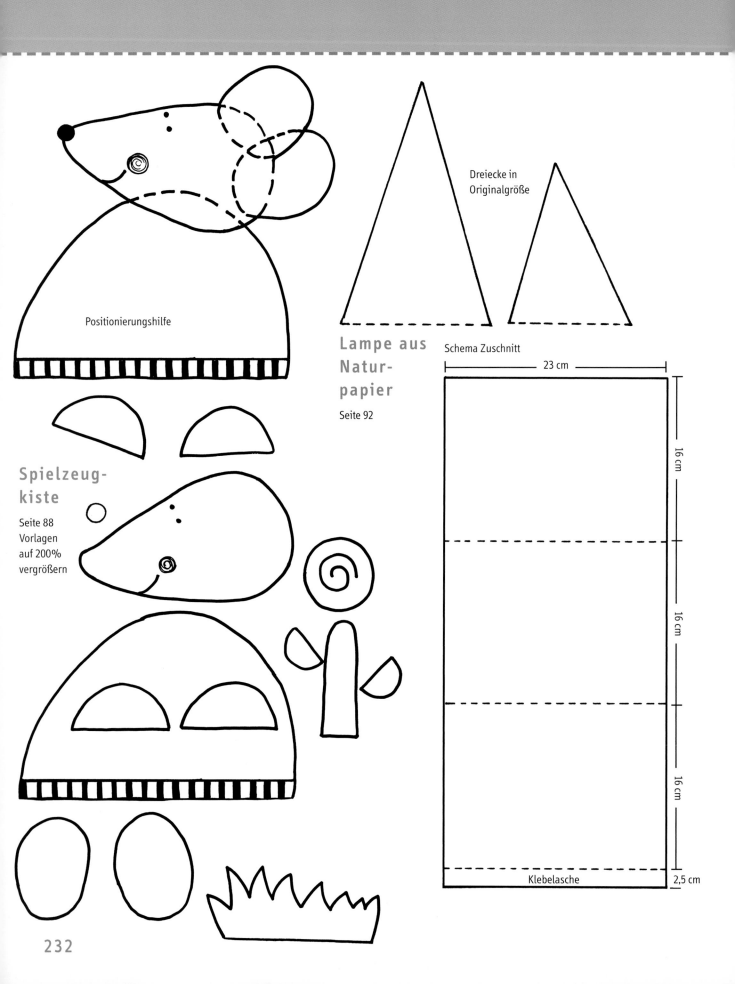

Positionierungshilfe

Dreiecke in
Originalgröße

**Lampe aus
Natur-
papier**

Seite 92

Schema Zuschnitt

**Spielzeug-
kiste**

Seite 88
Vorlagen
auf 200%
vergrößern

23 cm

16 cm

16 cm

16 cm

Klebelasche

2,5 cm

Fliegender Drache

Seite 91
Vorlagen auf 125% vergrößern

Glasverzierung

hier umhäkelten
Spiegelstein auf-
setzen

**Märchen-
haftes
Indien**

Seite 93
Vorlagen auf 200%
vergrößern

233

Kunterbuntes Badezimmer

Seite 94
Vorlagen auf 200%
vergrößern

Frische Meeresbrise

Seite 98/99

Bohrer, ø 2 mm

Hilfsbereiter Koch

Seite 95
Vorlage auf 250% vergrößern

Kreuze = seitlich
Löcher bohren

Bohrer, ø 2 mm

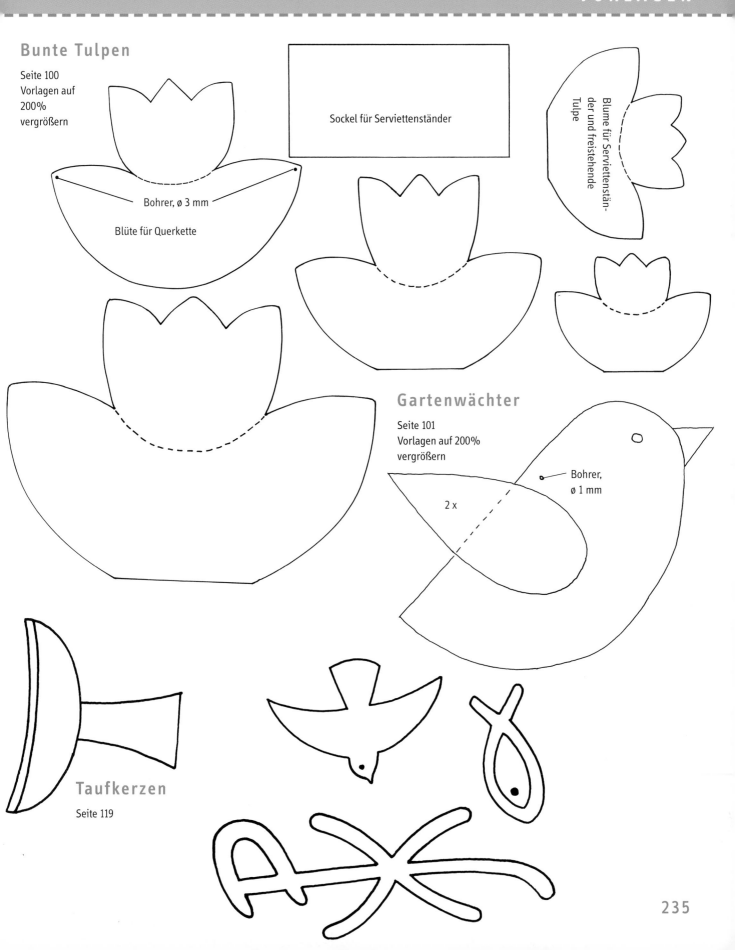

Bunte Tulpen

Seite 100
Vorlagen auf
200%
vergrößern

Sockel für Serviettenständer

Blume für Serviettenstän-
der und freistehende
Tulpe

Bohrer, ø 3 mm

Blüte für Querkette

Gartenwächter

Seite 101
Vorlagen auf 200%
vergrößern

Bohrer,
ø 1 mm

2 x

Taufkerzen

Seite 119

235

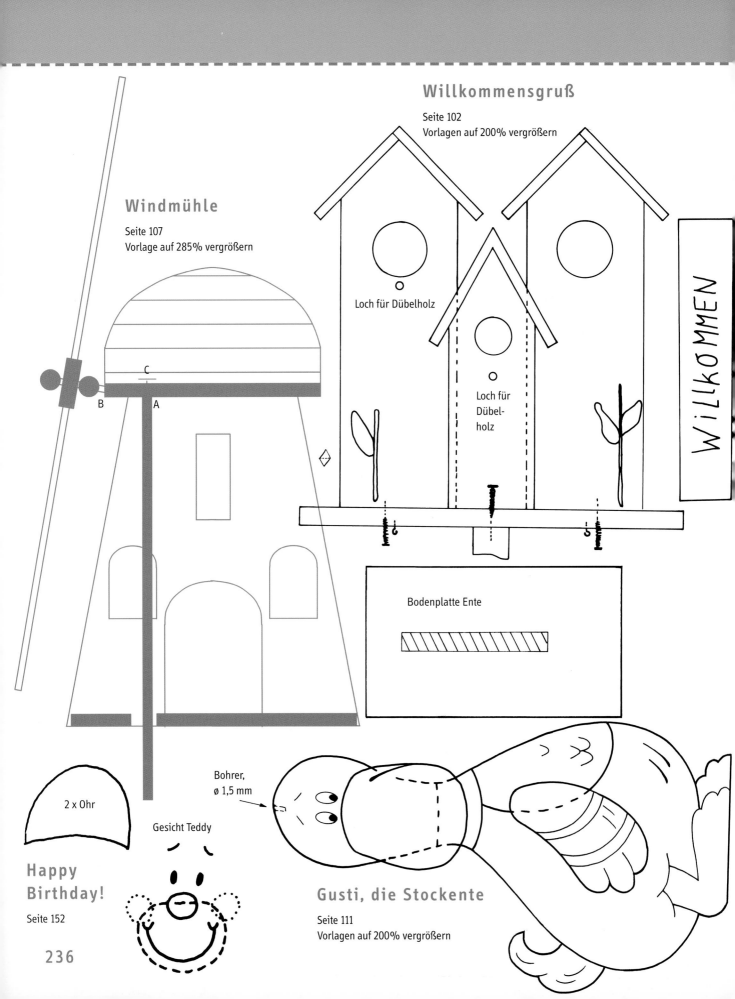

Windmühle

Seite 107
Vorlage auf 285% vergrößern

B A

C

Willkommensgruß

Seite 102
Vorlagen auf 200% vergrößern

Loch für Dübelholz

Loch für Dübelholz

WILLKOMMEN

Bodenplatte Ente

2 x Ohr

Gesicht Teddy

Happy Birthday!

Seite 152

Bohrer, ø 1,5 mm

Gusti, die Stockente

Seite 111
Vorlagen auf 200% vergrößern

Hereinspaziert!

Seite 105
Vorlagen auf 200% vergrößern

❤-lich
Willkommen

Home Sweet Home

Augen

oben

Gartenschlauchhalter

Seite 109
Vorlagen auf 250% vergrößern

links

Bohrer,
ø 8 mm

Bohrer,
ø 3,5 mm

Bohrer,
ø 3,5 mm

rechts

Bodenplatte
Gartenschlauchhalter

Bohrer, ø 8 mm

Dübelloch,
ø 8 mm

Dübelloch,
ø 8 mm

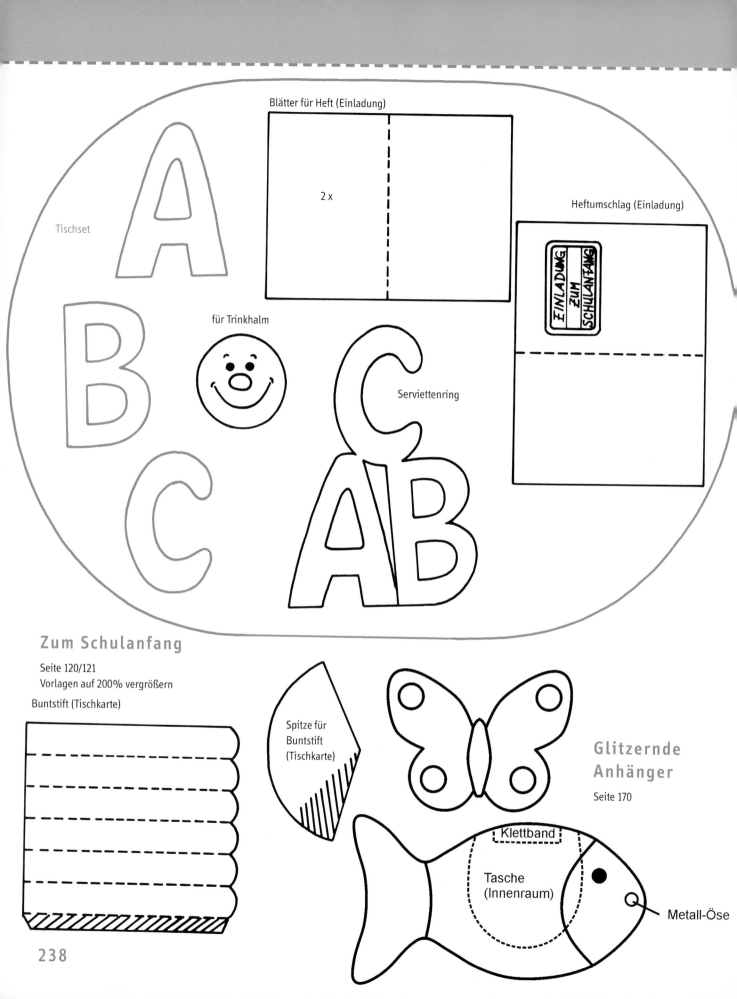

Tischset

Blätter für Heft (Einladung)

2 x

Heftumschlag (Einladung)

EINLADUNG ZUM SCHULANFANG

für Trinkhalm

Serviettenring

Zum Schulanfang

Seite 120/121
Vorlagen auf 200% vergrößern

Buntstift (Tischkarte)

Spitze für
Buntstift
(Tischkarte)

Glitzernde
Anhänger

Seite 170

Klettband

Tasche
(Innenraum)

Metall-Öse

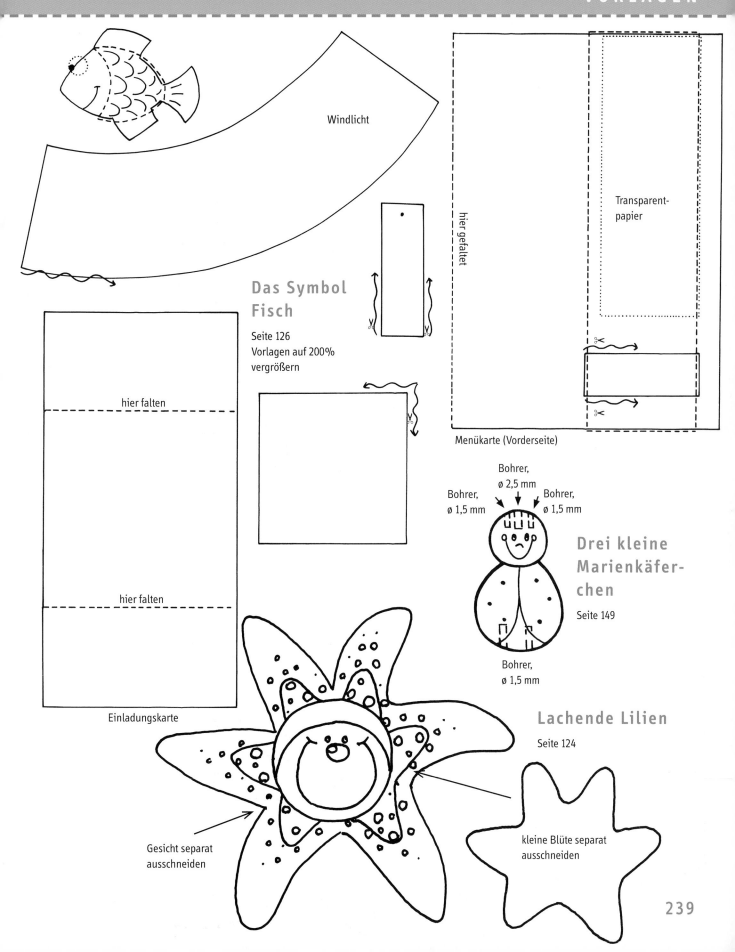

Windlicht

hier gefaltet

Transparent-
papier

Menükarte (Vorderseite)

Das Symbol
Fisch

Seite 126
Vorlagen auf 200%
vergrößern

hier falten

hier falten

Einladungskarte

Bohrer,
ø 2,5 mm

Bohrer,
ø 1,5 mm

Bohrer,
ø 1,5 mm

Drei kleine
Marienkäfer-
chen

Seite 149

Bohrer,
ø 1,5 mm

Lachende Lilien

Seite 124

Gesicht separat
ausschneiden

kleine Blüte separat
ausschneiden

239

Kommunion in Flieder-Weiß

Seite 128/129
Vorlagen auf 200% vergrößern

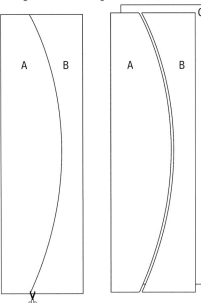

A und B entlang der gebogenen Linie auseinanderschneiden und mit einem Abstand von ca. 1–1,5 mm auf den Zuschnitt C kleben.

A und B entlang der Wellenlinie auseinanderschneiden und auf C kleben

Alle schwarzen Linien und Flächen mit dem Cutter ausschneiden und wegwerfen.

Teil A auf B kleben und überbleibende Schablonenteile spiegelverkehrt auf B platzieren, sodass eine Negativschablone entsteht.

Alle schwarzen Linien und Flächen sind nach der Prägung erhaben.

Muster A

1 Das Motiv mit der Schere so ausschneiden, dass man die Form eines an allen Seiten eingedellten Kissens erhält.

2 Auf ein andersfarbiges, etwas größeres Stück Papier kleben und mit einer Zugabe von 1 mm bis 2 mm an der Kontur entlang ausschneiden.

Muster A

Trendig in Pink-Grün

Seite 131
Vorlagen auf 200% vergrößern

Blätter für Namen am Tischkartenhalter

modelliertes Blatt

kleine Filzblüte für Give-Away

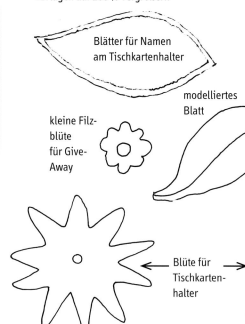

Blüte für Tischkartenhalter

Filzblüte für Karten

Blätter aus Papier für Give-Away

Blatt für Karten aus Filz

Filzblüte für Karten

Muster B

1 Das Motiv mit der Schere so ausschneiden, dass alle Ecken einen rechten Winkel bilden.

2 Auf ein andersfarbiges, etwas größeres Papier kleben und mit einer Zugabe von 1 mm bis 2 mm an der Kontur entlang ausschneiden.

Muster B

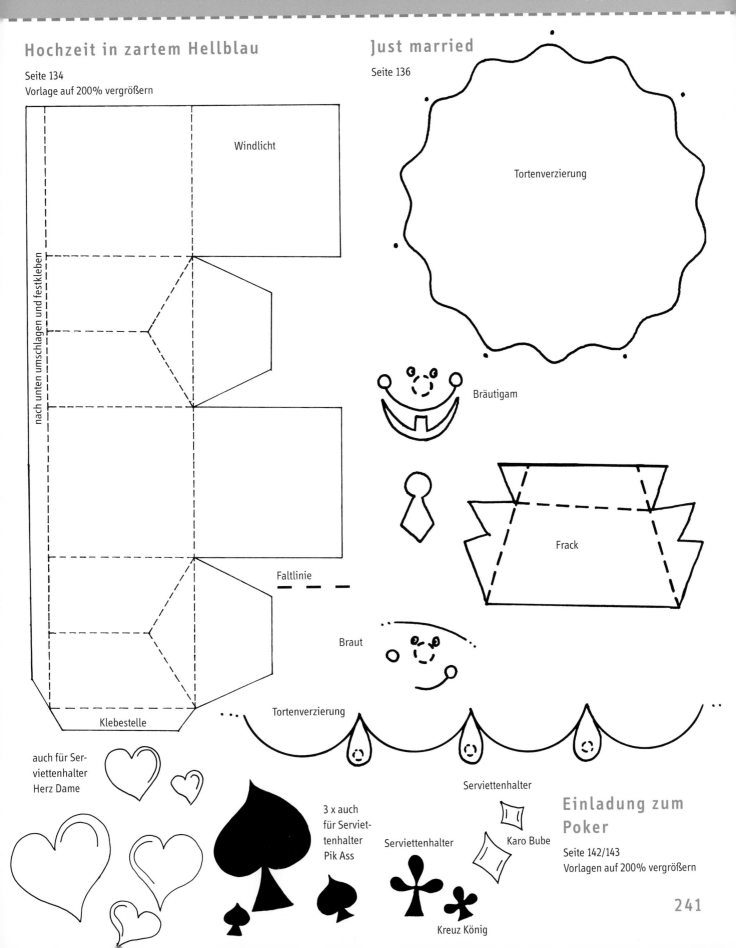

Hochzeit in zartem Hellblau

Seite 134
Vorlage auf 200% vergrößern

Windlicht

nach unten umschlagen und festkleben

Faltlinie

Klebestelle

auch für Ser-
viettenhalter
Herz Dame

3 x auch
für Serviet-
tenhalter
Pik Ass

Serviettenhalter

Kreuz König

Just married

Seite 136

Tortenverzierung

Bräutigam

Frack

Braut

Tortenverzierung

Serviettenhalter

Karo Bube

Einladung zum Poker

Seite 142/143
Vorlagen auf 200% vergrößern

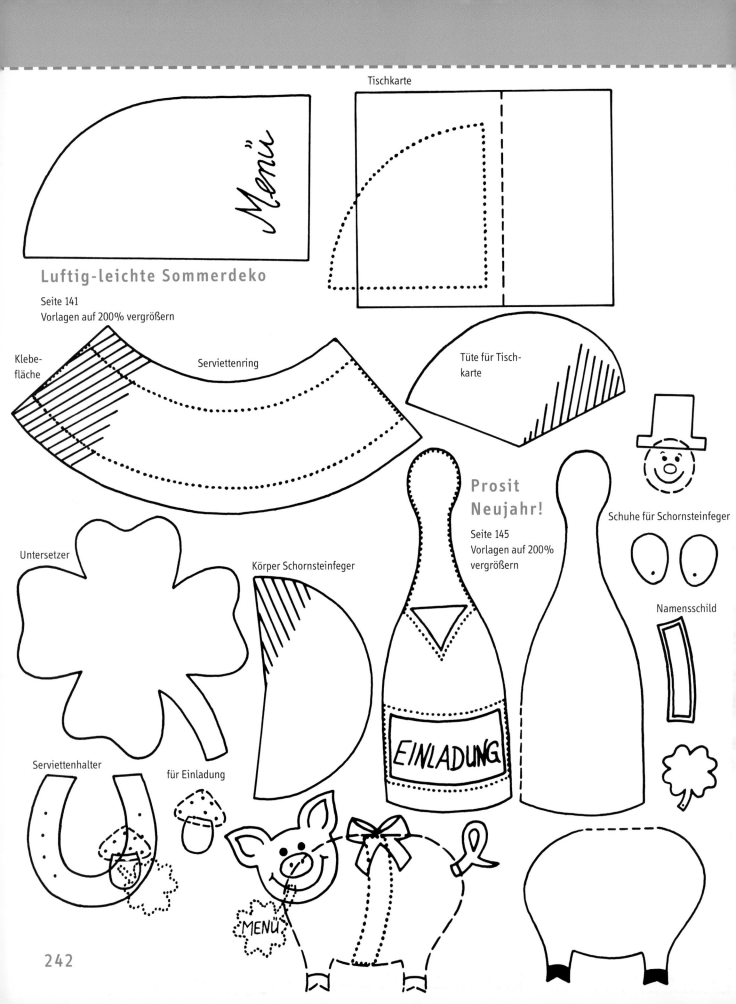

Tischkarte

Menü

Luftig-leichte Sommerdeko

Seite 141
Vorlagen auf 200% vergrößern

Klebe-
fläche

Serviettenring

Tüte für Tisch-
karte

Prosit Neujahr!

Seite 145
Vorlagen auf 200% vergrößern

Schuhe für Schornsteinfeger

Untersetzer

Körper Schornsteinfeger

Namensschild

Serviettenhalter

für Einladung

EINLADUNG

MENÜ

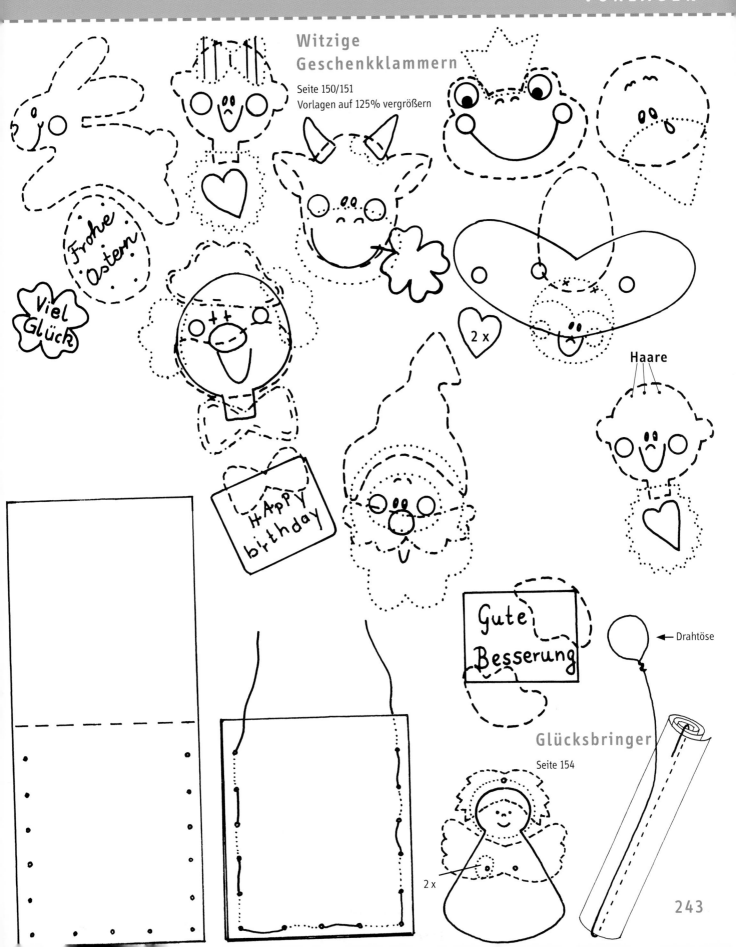

Witzige
Geschenkklammern

Seite 150/151
Vorlagen auf 125% vergrößern

Frohe Ostern

Viel Glück

2 x

Haare

HAppY birthday

Gute Besserung

Drahtöse

Glücksbringer

Seite 154

2 x

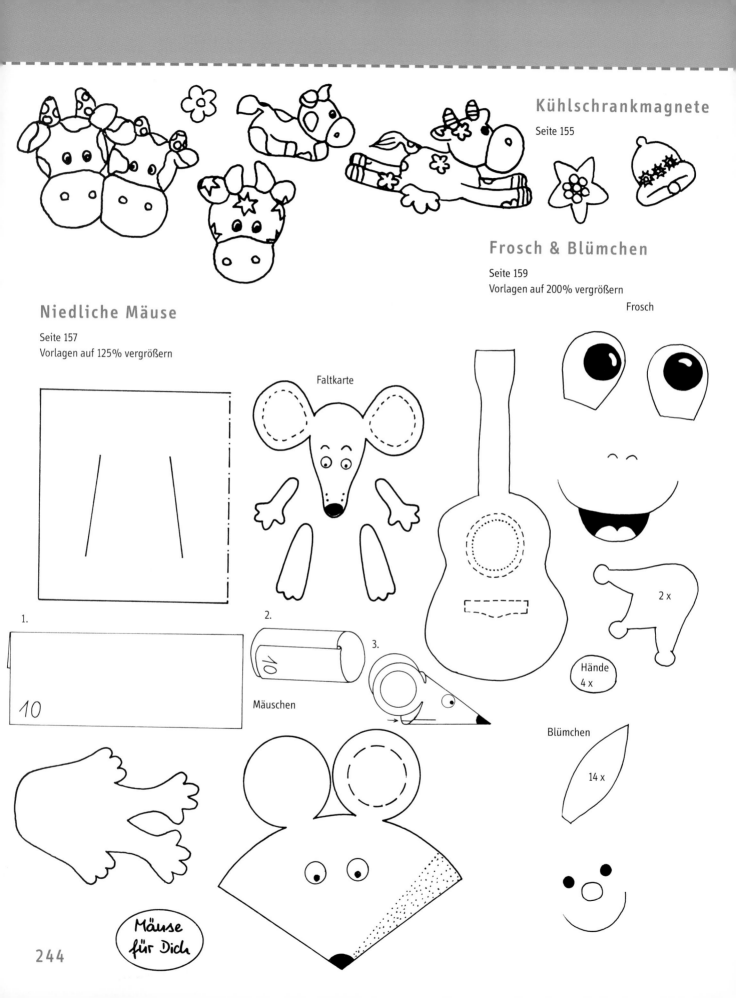

Kühlschrankmagnete

Seite 155

Frosch & Blümchen

Seite 159
Vorlagen auf 200% vergrößern

Frosch

Niedliche Mäuse

Seite 157
Vorlagen auf 125% vergrößern

Faltkarte

1.

2.

10

Mäuschen

3.

2 x

Hände
4 x

Blümchen

14 x

Mäuse
für Dich

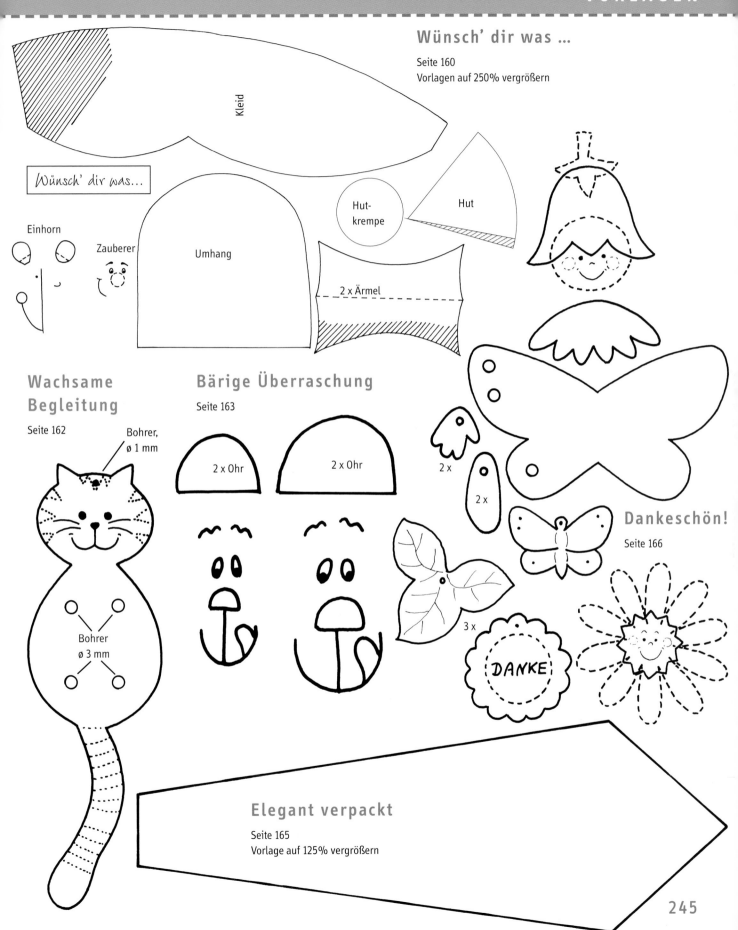

Wünsch' dir was ...

Seite 160
Vorlagen auf 250% vergrößern

Wünsch' dir was...

Kleid

Einhorn

Zauberer

Umhang

Hut-
krempe

Hut

2 x Ärmel

Wachsame
Begleitung

Seite 162

Bohrer,
ø 1 mm

Bohrer
ø 3 mm

Bärige Überraschung

Seite 163

2 x Ohr

2 x Ohr

2 x

2 x

3 x

DANKE

Dankeschön!

Seite 166

Elegant verpackt

Seite 165
Vorlage auf 125% vergrößern

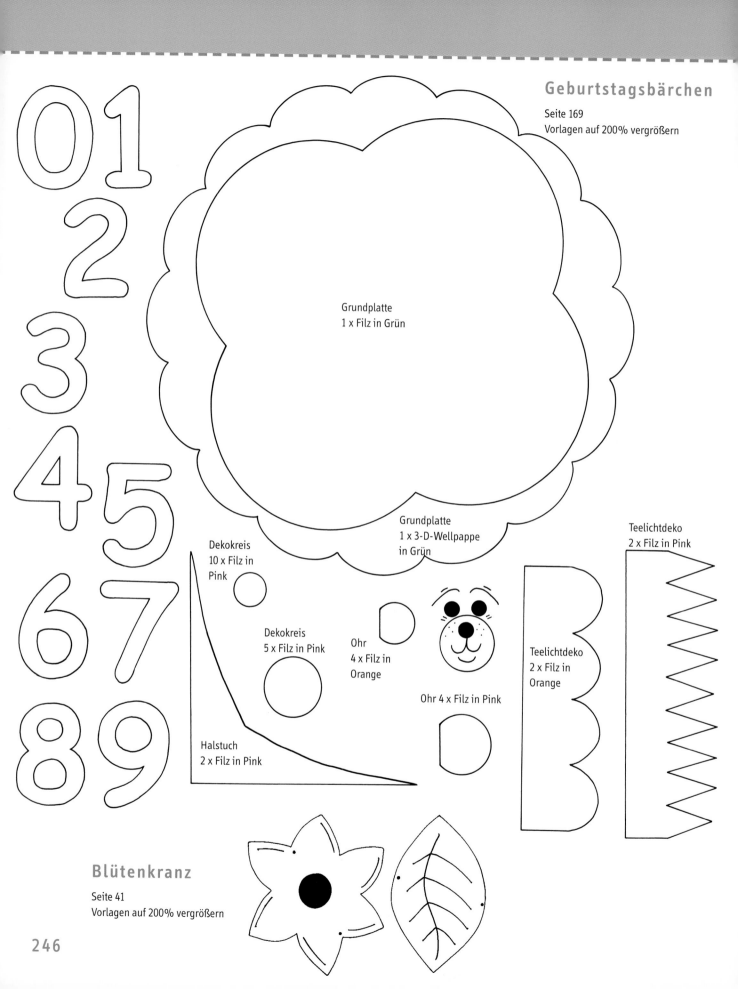

Geburtstagsbärchen

Seite 169
Vorlagen auf 200% vergrößern

Grundplatte
1 x Filz in Grün

Grundplatte
1 x 3-D-Wellpappe
in Grün

Dekokreis
10 x Filz in
Pink

Dekokreis
5 x Filz in Pink

Ohr
4 x Filz in
Orange

Ohr 4 x Filz in Pink

Halstuch
2 x Filz in Pink

Teelichtdeko
2 x Filz in Pink

Teelichtdeko
2 x Filz in
Orange

Blütenkranz

Seite 41
Vorlagen auf 200% vergrößern

Blatt knicken

Blatt knicken

Bunte Blüten

Seite 171
Vorlagen auf 200% vergrößern

Kauf dir was Schönes!

Seite 172

Blusenfaltung

1 2 3 4

Blüte für
Vorhang

5 6 7 8

Viel Glück!

Seite 177
Vorlagen auf 200%
vergrößern

hier knicken,
4 x Herz pro
Kleeblatt

VIEL GLÜCK

4 x

Glückstroll

Seite 174
Vorlagen auf 200% vergrößern

GLÜCKS-
TROLL

Fuß
2 x

2 x

VIEL SCHWEIN!

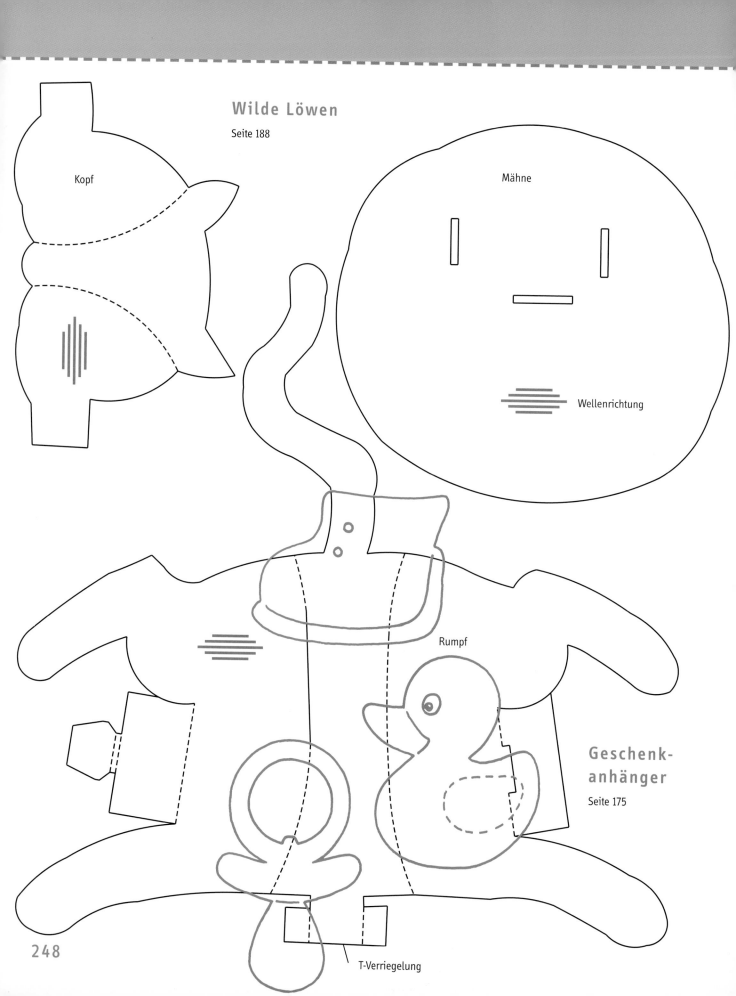

Wilde Löwen

Seite 188

Kopf

Mähne

Wellenrichtung

Rumpf

Geschenk-
anhänger

Seite 175

T-Verriegelung

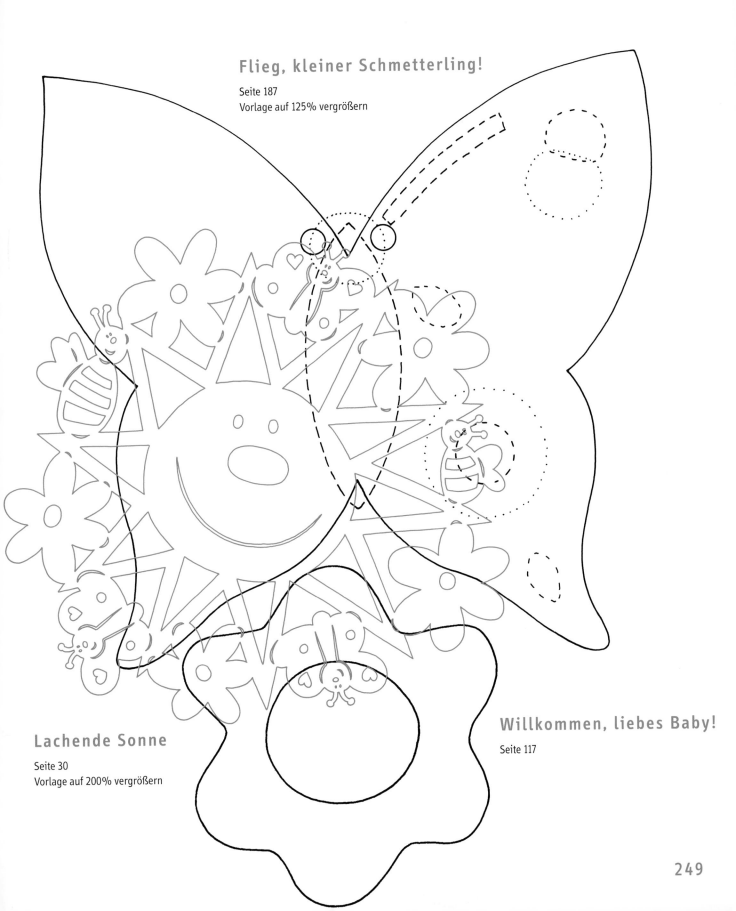

Flieg, kleiner Schmetterling!

Seite 187
Vorlage auf 125% vergrößern

Lachende Sonne

Seite 30
Vorlage auf 200% vergrößern

Willkommen, liebes Baby!

Seite 117

Wulli, Wilma
und Wilfried

Seite 181

Die Marienkäfer-Bande

Seite 183

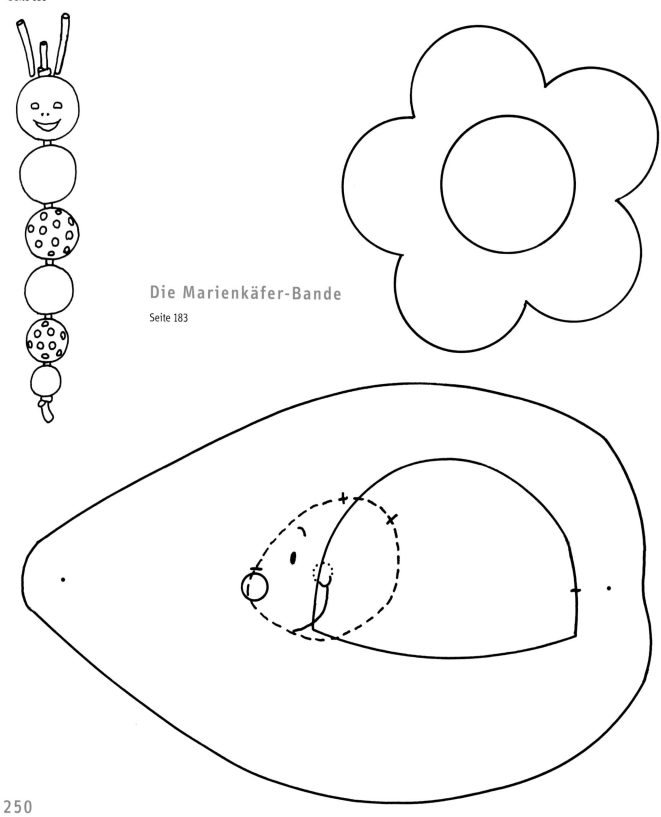

Wer kann eine Schleife binden?

Seite 190
Vorlagen auf 200% vergrößern

Hier wache ich!

Seite 193
Vorlage auf 125% vergrößern

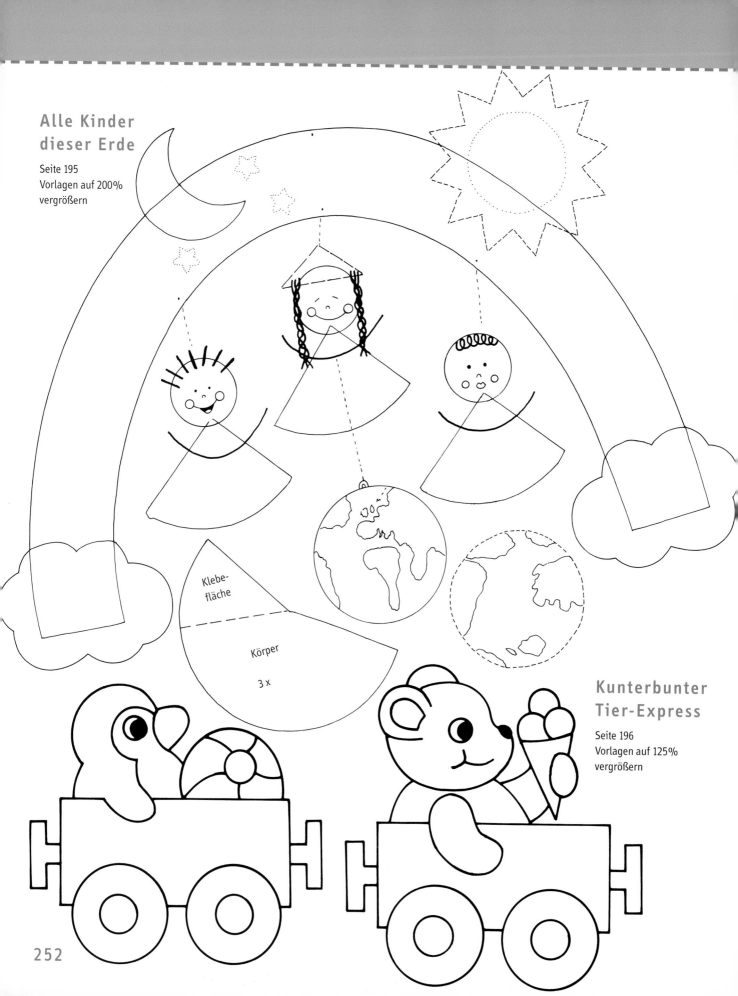

Alle Kinder dieser Erde

Seite 195
Vorlagen auf 200%
vergrößern

Klebe-
fläche

Körper

3 x

Kunterbunter Tier-Express

Seite 196
Vorlagen auf 125%
vergrößern

Grundform Hut

Schleier

Prinzessinnen und Prinzen

Seite 197
Vorlagen auf 125% vergrößern

Krone klein

Krone groß

Kunterbunter Tier-Express

Seite 196
Vorlagen auf 125% vergrößern

Körper in Rosa, Blau und Glitzergold, je 15 cm

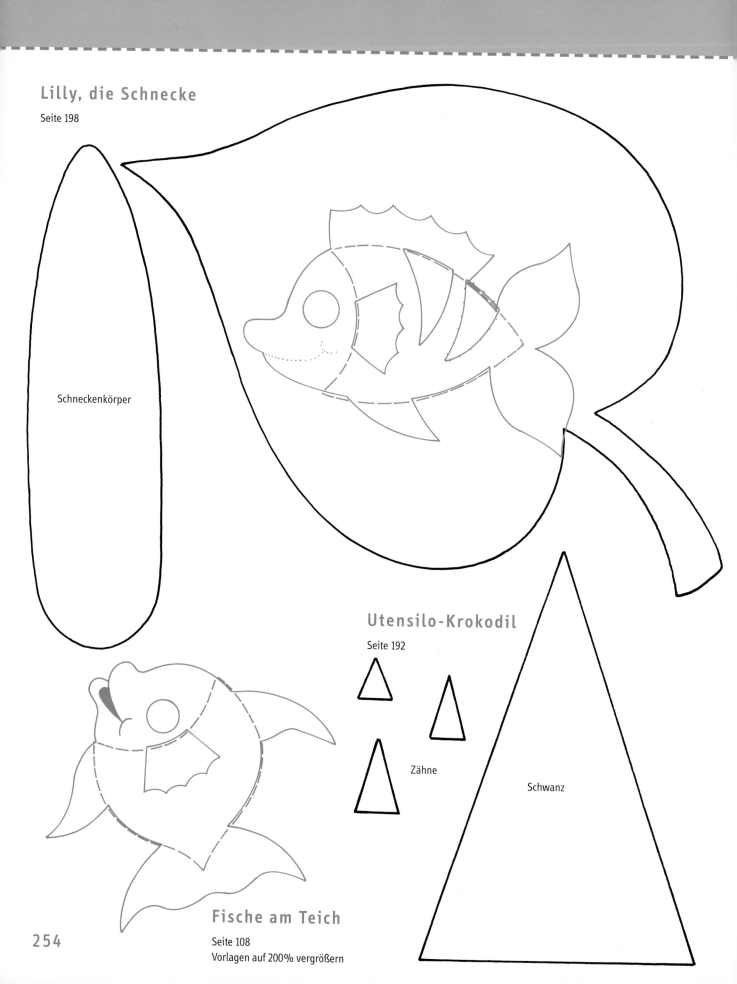

Lilly, die Schnecke

Seite 198

Schneckenkörper

Utensilo-Krokodil

Seite 192

Zähne

Schwanz

Fische am Teich

Seite 108
Vorlagen auf 200% vergrößern

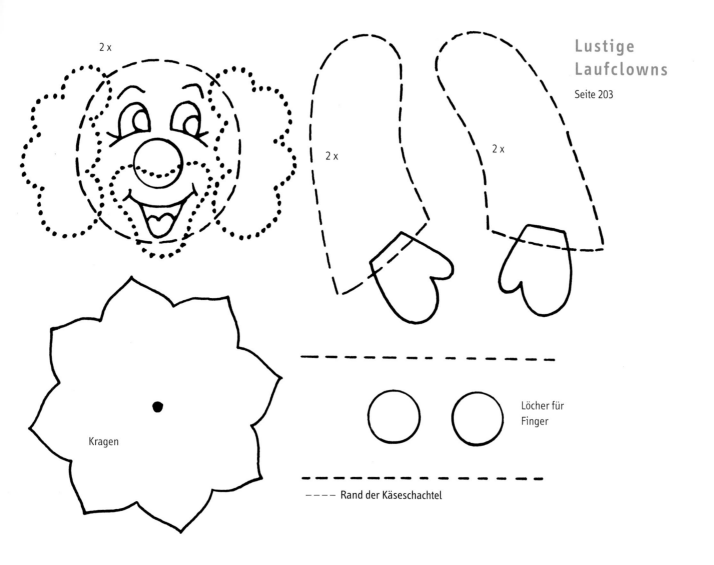

2 x

2 x

2 x

Lustige Laufclowns

Seite 203

Kragen

Löcher für Finger

- - - - Rand der Käseschachtel

Zur Kommunion und Konfirmation

Seite 132
Vorlagen auf 200% vergrößern

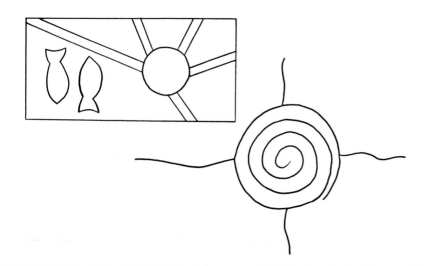

Bunte Blumen

Seite 185
Vorlagen auf 200% vergrößern

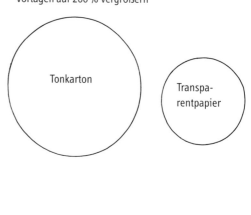

Tonkarton

Transparentpapier

Fliegende Drachen

Seite 58
Vorlagen auf
200% vergrößern

3 x

2 x

6 x

5 x

2 x

4 x

Schuhe

Schild für Mütze

Fröhliche Kinderparty

Seite 123

3 x

3 x

Fliege

IMPRESSUM

© 2008 **frechverlag** GmbH, 70499 Stuttgart

Hilfestellung zu allen Fragen, die Materialien und Bastelbücher betreffen: Frau Erika Noll berät Sie. Rufen Sie an: 0 50 52/91 18 58 (normale Telefongebühren)

Die auf Seite 128 verwendeten Stempel sind von der Firma Butterer, Bruchsal © 2005 – alle Rechte vorbehalten. Sie sind ausschließlich für den privaten, nicht kommerziellen Gebrauch bestimmt.

AUTORINNEN UND AUTOREN: Annette Bayer (Seite 164/165); Monika Berger (Seite 159); Sandra Blum (Seite 66/67, 88); Jan C. Feller (Seite 188/189); Tamara Franke (Seite 23, 124, 136, 155, 160/161); Monika Gänsler (Seite 8/9, 38, 48, 61, 65, 68/69, 111, 149); Sigrid Heinzmann (Seite 63, 102); Sieglinde Holl (Seite 51); Barbara Huber (Seite 92); Ute Iparraguirre de las Casas (Seite 142/143); Elisabeth Judas/Joachim und Martina Michalik (Seite 91); Barbara Kalk (Seite 200/201); Birgit Karl (Seite 16); Angelika Kipp (Seite 24, 30/31, 44, 49, 60, 71, 108, 190, 193, 196); Melanie Klee (Seite 128/129); Ute Krämer (Seite 167); Ute Krämer/Roswitha Oehler (Seite 131); Susan Krug (Seite 105); Natalie und Annette Kunkel (Seite 27, 132); Roswitha Oehler (Seite 115); Pia Pedevilla (Seite 7, 11, 20, 25, 42/43, 52-55, 59, 84/85, 93, 98/99, 126, 171, 177); Claudette Radtke (Seite 41, 82, 100); Anja Ritterhoff (Seite 94, 185, 195, 197); Alice Rögele (Seite 101); Heidrun und Hans H. Röhr (Seite 170); Gudrun Schmitt (Seite 12, 21, 35, 47, 70, 83, 150/151, 152, 163, 172, 186); Annika und Gudrun Schmitt (Seite 183); Klaus Scholl (Seite 106/107); Martina Schröder/Marion Vogel (Seite 39, 56/57, 169); Ankje Serke (Seite 86, 134/135, 138/139); Hannelore Süß (Seite 116/117); Armin Täubner (Seite 10, 13, 15, 18, 26, 28, 32/33, 37, 50, 58, 62, 64, 73, 76, 119, 154, 157, 162, 166, 174/175, 180, 198); Armin und Daniel Täubner (Seite 187); Julia Täubner (Seite 181); Heike Tetzlaff (Seite 45); Heike Roland/Stefanie Thomas (Seite 30, 89, 109); Karen Witte (Seite 40, 87, 97, 110); Ingrid Wurst (Seite 19, 74/75, 77, 79, 95, 120-123, 141, 145, 191, 192, 199, 202/203).

PROJEKTMANAGEMENT: Susanne Kuhn

GESTALTUNG: Heike Köhl

FOTOS: frechverlag GmbH, 70499 Stuttgart; Frank Bayh und Steff Rosenberger-Ochs, Stuttgart (Seite 128/129); Birgitt Gutermuth (Seite 187); Kalk Fotodesign, Soltau (Seite 200/201); Aschaeh Khodabakshi, Schwäbisch Gmünd (Seite 159); Rudolf Fotodesign (Seite 90); Karen Witte, Osnabrück (Seite 40, 87, 110); Fotostudio Ullrich & Co., Renningen (übrige Fotos).

ILLUSTRATION (FEE, WICHTEL UND ALTERSBUTTON): Ursula Schwab, schwab:illustrationen, Handewitt

DRUCK UND BINDUNG: Finidr s.r.o., Cesky Tesin, Tschechische Republik

Auflage: 7.   6.   5.   4.   3.
Jahr: 2014 2013 2012 2011 2009   [Letzte Zahlen maßgebend]

© 2008 **frechverlag** GmbH, 70499 Stuttgart

ISBN 978-3-7724-5129-4

Best.-Nr. 5129